他者の靴を履く

ANARCHIC EMPATHY

アナーキック・エンパシーのすすめ

PUT YOURSELF IN SOMEONE'S SHOES

MIKAKO BRADY

ブレイディみかこ

文藝春秋

はじめに

２０１９年に『ぼくはイエローでホワイトで、ちょっとブルー』という本を出した。わたしは自他ともに認める売れない書き手だったが、その本だけは例外的に多くの人々の手に取られることになった。

それだけでも驚くべきことだったが、この本にはさらに驚かされたことがあった。本の中の一つの章に、たった4ページだけ登場する言葉が独り歩きを始め、多くの人々がそれについて語り合うようになったのだ。

それは「エンパシー」という言葉だった。

取材を受けてもラジオやテレビに出ても、いつも聞かれるのはこの言葉についてだった。書評を読んでも、ツイッターのつぶやきを見ても、ほとんどの人が「エンパシー」に言及していた。

これは、著者であるわたしも、おそらく関係者たちも、本ができた時点ではまったく想定していなかった。異様なほどその言葉が強い印象を残していたようなので、むしろ後付けで「本のテーマはエンパシーです」などと言い始めた部分はあるにせよ、書いた時点では、少なくとも著者のわたしはそんなことは考えてもいなかった。

どうして252ページの本の中に4ページしか登場しない言葉がそのような特別なインパクトを持ち得たのかは謎であり、わたしなりに推理したのは、「エンパシー」について書いた本や記事は以前から日本にたくさん入っていたのだが、多くの場合、それが「共感」という日本語に訳されているため、日本の人々はなんとなくもやもやとした違和感をおぼえていたのではないかということだった。

つまり、「共感」ではない他者理解があるよな、ということを前々から感じていた人が多く存在し、それを言い表せるキャッチーな言葉がなかったところに、「エンパシー」というカタカナ語が「誰かの靴を履く」というシンプルきわまりない解説とセットになって書かれていたので、ストンと腑に落ちた人が多かったのではないか。

わたしの推測が正しいにしろ、間違っているにしろ、あの本はそのうち「エンパシー本」とさえ呼ばれるようになった。しかし、それが素朴に「エンパシー万能」「エンパシーがあればすべてうまくいく」という考えに結び付いてしまうのは著者として不本意な気がした。なぜなら、米国や欧州にはエンパシーをめぐる様々な議論があり、それは危険性や毒性を持ち得るものだと主張する論者もいる。すべての物事がそうであるように、エンパシーもまた両義的・多面的なものであって、簡単に語れるものではない。

ならば、そうした議論があることを率直に伝え、もっと深くエンパシーを掘り下げて自分なりに思考した文章を書くことは、たった4ページでその言葉の「さわり」だけを書いてしまった著者がやっておくべき仕事ではないかと感じるようになった。

そうして出来上がったのが本書である。だから、これは『ぼくはイエローでホワイトで、ちょっとブルー』の副読本とも言える。

また、ある意味では、あの本の著者が「母ちゃん」としてではなく、「わたし」という一人の人間として（ときには一人の女性として）「他者の靴を履くこと《エンパシー》」を思索する旅に出た「大人の続編」と言ってもいいかもしれない。

そして、わたしが「わたし」という一人の人間として物事を考え始めると必ずどこからか現れるアナキズムの思想が、いつの間にか当然のようにわたしの隣を歩き始めて、エンパシーとの邂逅《かいこう》を果たした旅の記録とも言える。「わたしがわたし自身を生きる」アナキズムと、「他者の靴を履く」エンパシーが、どう繋がっているのかと不思議に思われるかもしれない。しかし、この両者がまるで昔からの親友であったかのようにごく自然に出会い、調和して、一つに溶け合う風景を目の前に立ち上げてくれたことは、この旅における最大の収穫だった。

この思考の旅でわたしが得た多くの気づきが、あなたにも何らかの気づきを与えますように。

他者の靴を履く——目次

第5章 囚われず、手離さない

第6章 それは深いのか、浅いのか

第7章　煩わせ、繋がる

第8章　速いシンパシー、遅いエンパシー

第9章 人間を人間化せよ

第10章 エンパシーを「闇落ち」させないために

初出：「文學界」２０２０年４月号〜２０２１年４月号

他者の靴を履く

アナーキック・エンパシーのすすめ

第1章　外して、広げる

エンパシーの日本語訳は「共感」でいいのか

わたしの息子が英国のブライトン＆ホーヴ市にある公立中学校に通い始めた頃のことだ。英国の中学校には「シティズンシップ教育」というカリキュラムがある。息子の学校では「ライフ・スキルズ」という授業の中にそれが組み込まれていて、議会政治についての基本的なことや自由の概念、法の本質、司法制度、市民活動などを学ぶのだが、その科目のテストで、「エンパシーとは何か」という問題が出たという。

息子は「自分で誰かの靴を履いてみること」と答えたらしい。「To put yourself in someone's shoes（誰かの靴を履いてみること）」は英語の定型表現である。もしかしたら、息子が思いついたわけではなく、先生が授業中にエンパシーという言葉を説明するのにこの表現を使ったのかもしれない。

「エンパシー」という言葉を聞いて、わたしが思い出したのは「シンパシー」だった。正確には、「エンパシーとシンパシーの違い」である。

わたしのように成人してから英国で語学学校に通って英語検定試験を受けた人はよく知っていると思うが、「エンパシーとシンパシーの意味の違い」は授業で必ず教えられることの一つだ。エンパシーとシンパシーは言葉の響き自体が似ているし、英国人でも意味の違いをきちんと説明できる人は少ない（というか、みんな微妙に違うことを言ったりする）。だから、英語検定試験ではいわゆる「ひっかけ問題」の一つとして出題されることがあるのだ。

とはいえ、わたしが語学学校に通ったのはもう二十数年前のことなので、すっかり忘れてしまった二つの言葉の意味の違いをもう一度、英英辞書で確認してみることにした。

エンパシー（empathy）…他者の感情や経験などを理解する能力

シンパシー（sympathy）…1．誰かをかわいそうだと思う感情、誰かの問題を理解して気にかけていることを示すこと
2．ある考え、理念、組織などへの支持や同意を示す行為
3．同じような意見や関心を持っている人々の間の友情や理解

（『Oxford Learner's Dictionaries』のサイト oxfordlearnersdictionaries.com より）

英文は、日本語に訳したときに文法的な語順が反対になるので、エンパシーの意味の記述を英文で読んだときには、最初に来る言葉は「the ability（能力）」だ。

他方、シンパシーの意味のほうでは「the feeling（感情）」「showing（示すこと）」「the act（行為）」「friendship（友情）」「understanding（理解）」といった名詞が英文の最初に来る。

つまり、エンパシーのほうは能力だから身につけるものであり、シンパシーは感情とか行為とか友情とか理解とか、どちらかといえば人から出て来るもの、または内側から湧いてくるものだということになる。

さらにエンパシーとシンパシーの対象の定義を見ても両者の違いは明らかだ。エンパシーのほうには「他者」にかかる言葉、つまり制限や条件がない。しかし、シンパシーのほうは、かわいそうな人だったり、問題を抱える人だったり、考えや理念に支持や同意できる人とか、同じような意見や関心を持っている人とかいう制約がついている。つまり、シンパシーはかわいそうだと思う相手や共鳴する相手に対する心の動きや理解やそれに基づく行動であり、エンパシーは別にかわいそうだとも思わない相手や必ずしも同じ意見や考えを持っていない相手に対して、その人の立場だったら自分はどうだろうと想像してみる知的作業と言える。

息子は学校で、「テロやEU離脱や広がる格差で人々の分断が進んでいるいま、エンパシーがとても大切です。世界に必要なのはエンパシーなのです」と教わったそうだ。

と、ここまでは『ぼくはイエローでホワイトで、ちょっとブルー』という本に書いた話である。

この本を出版したとき、意外な反応があったことは前にも書いた。本を読んだ人たちの多くが「エンパシー」という言葉について語り始めたのである。

正直、これには驚いた。英国や米国など、英語が母国語の国では、「エンパシー」はもう何年も前からクローズアップされてきた言葉だし、例えばオバマ前大統領などが好んでこの言葉を使っていたので様々なメディアにばらまかれ、もう「聞き飽きた」という人々もいるほど裾野まで浸透している（だからこそ学校でも教えているわけだし）。

そこで考えたのは、ひょっとして日本では「共感」という言葉は広く流通していても、その元ネタである「エンパシー」という英単語はあまり知られていないのではないかということだ。で、実はここでもたいへん厄介な問題があり、エンパシーは「共感」という日本語に訳されるが、シンパシーも「共感」と訳すことができるのだ。シンパシーのほうには「同情」や「思いやり」、「支持」といった訳語もあり、エンパシーは「感情移入」、「自己移入」と訳されることもある。

いずれにしろ、日本語になると「エンパシー」も「シンパシー」も同じように感情的・情緒的というか、単なる「お気持ち」の問題であるような印象を与えてしまう。つまり、「身につける能力」というより、「内側から湧いてくるもの」のように聞こえるのだ。これだと、エンパシーという言葉の訳は、英英辞書とはずいぶんかけ離れたものになる。特にエンパシーの訳語に「ability（能力）」という言葉がまったく反映されていないのは奇妙だ（と同時に、なぜ日本でそうなっているのかは面白い点でもある）。

正しい言葉の意味を知る上でも、エンパシーについて書かれた本の邦訳を読んで理解する上でも、エンパシーという単語の日本語の定訳をいつまでも「共感」という表現にしておくのは問題なのではないか。近年、日本語のＳＮＳなどで見かける「共感は危険」「共感にはもううんざり」といった論調にしても、エンパシーもシンパシーも「共感」という日本語に訳されている限り、それはいったいどっちのことを言っているのかわからない。

エンパシーの種類と歴史

とは言え、本当のところ、エンパシーの意味が曖昧《あいまい》になっているのは日本だけではない。実は英語圏の国々でも、エンパシーの定義は論者によって様々に異なり、論者の数だけ定義があるなどと言われたりもする。

それでも、エンパシーにはいくつかの種類があるということは定説になっていて、大まかに言うと次のようなものだ。

❶コグニティヴ・エンパシー

日本語では「認知的」エンパシーと訳されている。米マサチューセッツ州レスリー大学の公式サイトに掲載されている「The Psychology of Emotional and Cognitive Empathy」という記事には、コグニティヴ・エンパシーは「どちらかといえばスキルのようなもの」と書かれている。さらに、心理学ではこのタイプのエンパシーは「empathic accuracy（エンパシー的な正確さ）」とも表現されると指摘した上で、「その人物がどう感じているかを含んだ他者の考えについて、より全面的で正確な知識を持つこと」という『Encyclopedia of Social Psychology』からのサラ・D・ホッジズとマイケル・W・マイヤーズの言葉を引いている。これはオックスフォード・ラーナーズ・ディクショナリーズが定義する意味と符合する。息子風にいえば「他人の靴を履いて」他者の考えや感情を想像する力であり、その能力をはかる基準は想像の正確さだと心理学の分野では定義されている。

❷エモーショナル・エンパシー

「感情的」エンパシーと訳される言葉だ。前述のサラ・D・ホッジズとマイケル・W・マイヤーズによれば、これまたいくつかに分類されるという。まず一つ目は、「他者と同じ感情を感じること」。これは、ずばり日本語で言うところの「共感」だろう。そして二つ目は、

「他者の苦境へのリアクションとして個人が感じる苦悩」、三つ目は「他者に対する慈悲の感情」となっている。これは、オックスフォード・ラーナーズ・ディクショナリーズでいうところの「シンパシー」の意味とかなり被る。

❸ソマティック・エンパシー

これは、❷のエモーショナル・エンパシーで定義された二つ目の「他者の苦境へのリアクションとして個人が感じる苦悩」をさらに推し進めたもので、他者の痛みや苦しみを想像することによって自分もフィジカルにそれを感じてしまうというものだ。例えば、誰かが脚をひどく怪我したのを見て、自分の脚も痛くなるというような反応である。

❹コンパッショネイト・エンパシー

これは最近よく使われている言葉であり、他者が考えていることを想像・理解することや、他者の感情を自分も感じるといったエンパシーで完結せず、それが何らかのアクション（行為・行動）を引き起こすことだという。「compassion」もシンパシーやエンパシーと似た言葉として使われることが多いが、オックスフォード・ラーナーズ・ディクショナリーズには「苦しんでいる人々や動物に対する、強いシンパシーの情であり、彼らを助けたいと思う願望」と定義されている。

ちなみに、❷のエモーショナル・エンパシーはアフェクショネイト（情緒的）・エンパシーと呼ばれることもあり、❹のコンパッショネイト・エンパシーは「empathic concern（エンパシー的配慮）」と呼ばれることもある。このようにエンパシーの定義は様々であり、読めば読むほど「これとこれは同じだから敢えて違う言葉で括る必要ないんじゃないか」とか「これはエンパシーじゃなくてシンパシーのほうだろう」とかいう疑問が湧いてくる。ある意味、唱えたもん勝ちというか、アナーキーな言葉の定義状況とも言えるが、それもそのはずで、実はエンパシーという言葉の歴史はたいへん浅いらしい。

米誌アトランティック電子版掲載の「A Short History of Empathy」（2015年10月16日）という記事の執筆者、スーザン・ランゾーニは、エンパシーという英語の言葉が登場したのはわずか1世紀前のことだと書いている。エンパシーは「Einfühlung」というドイツ語の訳語として編み出された言葉だったという。これを英語に直訳すれば「feeling-in」となるらしい。日本語なら「感情移入」、または「感じ入る」にでもなるだろうか。『世界大百科事典』（平凡社）では「Einfühlung」の訳語である「感情移入」を「他人や芸術作品や自然と向かいあうとき、これら対象に自分自身の感情を投射し、しかも、この感情を対象に属するものとして体験する作用をいう」と定義している。

英語圏の心理学者たちは、当初、「Einfühlung」の英訳として「animation（活き活きと描き出すこと）」「play（〜のふりをする、振る舞う）」「aesthetic sympathy（美学的シンパシー）」「semblance（うわべ、見せかけ、類似）」といった言葉を使おうとしていたらしい。しかし、1908年に二人の心理学者が、「in」をギリシャ語の「em」に置き換え、「feeling」の代わりに「pathos」を使って新語を作ろうじゃないかと提案し、「empathy」という言葉が誕生した。

『世界大百科事典』による「感情移入」（Einfühlung）の解説と同じように、1900年代の時点では、英語のエンパシーも「他者の気持ちを慮《おもんばか》る」という意味ではなかったらしい。それどころか真逆の意味で使われていて、自分の感情や気持ちを、自分の外側にあるものに投影することだった。ある物体に命を吹き込むこと、または世界に自分の想像や感情を投影させることを意味していたというのだ。例えば、果物の静物画に「おいしそう」「よく冷えた」などの自分の想像力から湧き上がる感情を投射させて活き活きとした作品として鑑賞したりすることである。

それが20世紀半ばになり、エンパシーという言葉の意味がいきなりシフトすることになる。1948年に米国の臨床心理学者ロザリンド・カートライトは、彼女の師であったレナード・コットレルと共に対人関係におけるエンパシーの調査を行った。そのプロセスの中で、彼女は対象への「想像の投射」という初期のエンパシーの意味を否定し、人間同士の関係性こそがエンパシーの概念の中心にあるべきと主張した。

その後も心理学の分野では実験的な研究が続けられ、やがて心理学者たちは「本物」のエンパシー（他者の考えや感情の正確な査定）と、「投射」とを区別して考えるようになった。1955年のリーダーズ・ダイジェスト誌では、エンパシーを「自分自身が感情的に巻き込まれて判断力に影響をおよぼすことなく、他者の感情を理解する能力」と定義していた。これは、現在のオックスフォード・ラーナーズ・ディクショナリーズの定義や、「コグニティヴ・エンパシー」の定義と重なる。

「エンパシーはダメ」論と「エンパシーだいじ」論

この1950年代のエンパシーの定義を読んで思い出したのは、『反共感論　社会はいかに判断を誤るか』（高橋洋訳、白揚社）というポール・ブルームの本だった。彼はまさに、感情的に他者に共感することの危険性の一つとして、エモーショナルに他者に入り込むと状況の判断が理性的にできなくなるので、エンパシーは「善」ではないというアンチ論を唱えた人だからだ。

この本の原題は『AGAINST EMPATHY: The Case for Rational Compassion』である。直訳すれば、「エンパシーに抗って　〈理性的な慈悲〉擁護論」とでもなるだろうか。慈悲（コンパッション）という言葉が使われているところなど、昨今よく耳にするようになった「コンパッショネイト・エンパシー」（前述❹参照）との関連性も言及しておく必要があるが、ポール・ブルームも著書の中で「エモーショナル・エンパシー」（邦訳版では「情動的共感」）と「コグニティヴ・エンパシー」（邦訳版では「認知的共感」）の違いに触れ、より危険なものは「エモーショナル・エンパシー」だと指摘している。つまり、感情的に対象に入り込むなということだが、これは1950年代の心理学者たちが唱えた「他者に自分自身を投射することは本物のエンパシーではない」という主張に似ている。

例えば、英国で児童に対する性的虐待事件などが起こると、SNSなどで「被害者や家族の気持ちを思えば犯人を殺してやりたい」といった極端な声があがるだけでなく、本当に容疑者が護送される車を取り囲んで生卵をぶつけに行ったりする人々が出てくる。こういうケースでも、冷静に被害者や家族の気持ちになれば、本人たちは不幸な事件は忘れて一刻も早く元の生活に戻りたいので、知らない人たちに騒がれていつまでもニュースになるのは迷惑だと思っているかもしれない。つまり、加害者にリベンジしているつもりの人たちは、被害者やその家族に自分自身の想像や怒りを投射し過ぎていると言える。他者の靴を履いているつもりが、自分の靴で他者の領域をずかずか歩いているのだ。

しかし、ポール・ブルームは、誰かの靴を履くことそれ自体も危険なことになり得ると主張する。なぜならそれは、スポットライトのごとくいまここにいる特定の人々に焦点を絞ることであり、たった1人の子どもが欠陥のあるワクチンで重病にかかって苦しむ姿を見てワクチン接種プログラムの中止を叫び、そのために数十人の任意の子どもたちを殺すようなことをさせてしまうからだという。彼はこう書いている。「この場合、あなたはそれらの子どもに共感を覚えることはないだろう。統計的な数値に共感することなどできないのだから」。まあ確かに、数字は靴を履いていないので、無い靴は履けない。さらに言えば、人間は顔が見える人（知っている人）の靴は履けても、顔が見えない人たちの靴はあまり履こうとしないものなのだ。

他方、ジャーナリストのニコラス・クリストフのような人は、エンパシーこそがいま社会に必要なものだと精力的に主張してきた。彼が2015年1月24日にニューヨーク・タイムズ紙に執筆した「Where's the Empathy?」という記事はとりわけ有名になった。彼は、その記事の中で、米国には「エンパシー・ギャップ（他者の立場を想像することを困難にする認知的バイアス）」が存在していると書き、誰かを貧困に陥れる複雑な状況を理解するよう読者に呼びかけている。つまり、貧困に陥る人の靴を履いてみれば、「貧困は自己責任だ」「社会には一定数の貧しい人たちがいるのはしょうがない」というのは自らの偏見や先入観による認識の歪みだったことがわかるし、その気づきがコンパッショネイトで思いやりのある行動につながるというわけだ。

ニコラス・クリストフの考えによれば、エンパシーは各人が心に持つ認知的バイアスを外すことであり、それこそが多様性を共に認め合うことのできる社会に繋がる。しかし、ポール・ブルームの意見では、エンパシーという名の「気持ちの分かち合い」は特定の個人に焦点を当てすぎて、社会全体が良い方向に進む改革を実現するにあたっての障害にしかならない。

一見、まったく噛み合っていないようだが、実は両者とも同じ方向性を目指している部分がある。両者とも「外して、広げろ」と言っている点で重なっているからだ。「エンパシーだいじ」論者は、認知的バイアスを外して、考え方を広げろと言う。片や「エンパシーはダメ」論者は、対象のスポットライトを絞らずに外して、視野を広げろと言っている。

「外して、広げる」こと。

これからエンパシーについて考えていく上での、一つのキーワードになりそうだ。

ミラーニューロンの話

「外して、広げる」と言えば、実はエンパシーの歴史自体も、心理学や文化的な論争からちょっと外れて、脳科学の分野にまで広がってきた。過去20年以上、エンパシーの議論には、「ミラーニューロン」と呼ばれる神経細胞の発見が影響を与えるようになってきたからだ。

「ミラーニューロン」は１９９０年代にイタリアの科学者たちによって発見された。サルの脳内の、手や指を動かす神経がある場所に電極を刺して実験していたところ、研究者が手で何かをつかむ作業をしていたときに、サルはまったく手を動かしていないにも拘わらず、サルの脳内で何かをつかむときに命令を出す神経が反応していたという。つまり、目で見た動作を自分の脳内で「鏡」のように再現していたのだ。

近畿大学医学部医学科・大学院医学研究科の村田哲《あきら》准教授は、「ミラーニューロンは、発見当時は『人の心を読む脳機能を発見した』と、神経科学以外の分野からも広く注目を集めました。アメリカのラマチャンドランという神経科学者などは、『ミラーニューロンの発見は、心理学・脳科学の分野において、DNAの発見に匹敵するものだ』とコメントしたほど、すごい発見だったんです」（「at home time」2013年9月号）と話している。サルと同じように、人間には目で見た動きを無意識のうちに脳内で真似る機能が備わっているとすれば、「誰かになりきる」習性を持って生まれた生物とも言える。人が怪我をしたのを見て自分も体が痛くなるソマティック・エンパシーが強い人は、この細胞の働きが活発な人なのかもしれない。

WIRED JAPANの記事（2014年7月29日）によれば、ミラーニューロンを発見したパルマ大学の研究チームを率いる科学者、ジャコモ・リッツォラッティは、2014年7月に行われたFENS（Federation of European Neuroscience Societies）のフォーラムで、「私はあなたがすることを知っている：他者理解の根底にある精神のメカニズム」という講演を行った。彼はミラーニューロンのシステムを説明するために、バーのカウンターにいる男性の例を使ったそうだ。カウンターにいる男性がビールのジョッキを手にする。それで何をするつもりなのか（乾杯する、飲む、投げつける、など）は、彼がジョッキを掴んでいる様子からわかる。こうした瞬時に人間が行う他者の行動の理解も、ミラーニューロンの機能なのだという。自分が見た他者の行為を、脳内であたかも自分自身がしているかのようにミラーニューロンが「共鳴する」というのだ。

「神経科学者たちによると、ミラーシステムは、まわりで起きることに対し、人が迅速に見通しをもったり、同一化して感情移入を行うことで他者の感情を体験したり、模倣学習を行ったりするのを可能にする」とWIRED JAPANの記事は伝えている。

確かに、他者が行うことを見ながら、自分も脳内で鏡に映すようにそれを疑似的に行っているとすれば、人間はそもそも否応なしに他人の靴を履いてしまう脳を持っているということになる。

夫婦は一緒に生活していると顔立ちが似てくるなどと言われるのも、実はミラーニューロンで長年お互いを脳内で模倣し合っているからだという説もある。この脳内でのミラーリングに刺激され、大脳辺縁系の感情中枢に信号を送って、「共感」が生まれるのだと『ミラーニューロンの発見―「物まね細胞」が明かす驚きの脳科学』（塩原通緒訳、ハヤカワ・ノンフィクション文庫）の著者であるマルコ・イアコボーニは主張しているという。赤ん坊はまず親という身近な存在から始め、それ以外の様々な人々と接して模倣し合うことによってエンパシーを高めていくというのだ。

つまり、脳内でミラーリングする相手が限られていたり、少なかったりすれば、他者の行動の理解や今後の見通しをつける力も育たないということになる。まさにミラーニューロンこそ、エンパシーという能力を理解する上での鍵になるのではないか、と様々な人々が考えたくなったのも道理である。

しかしながら、やはりここでも異を唱える人々が出て来た。『反共感論』のポール・ブルームも、ミラーニューロンを過大評価することの危険性を指摘している。彼は、ミラーニューロンの機能には、サルが他者の行為を観察しながら自分も身体を調節してものを操ることを習得させる働きはあるが、この「自己と他者の区別をしない神経システム」に人間の共感能力を説明させることには無理があると言う。

彼の議論で面白いのは、ミラーニューロンの機能（つまり、シミュレーション）の限界を、「そもそも他者は自分と同じであると仮定されている」ところだと喝破している点だ。つまり、人の好みや性格は様々に異なるので、たとえテーブルの角で頭を打った人を見て自分まで痛い気分になったとしても、打った人はふだんからプロレスか何かをやっていて、そのぐらいの痛みは屁とも思わない人かもしれないし、チョコレートケーキを食べている人を見て自分まで幸福な気分になったとしても、食べている本人はチーズケーキのほうが良かったという不満を感じながら食べているかもしれない。

ポール・ブルームは、「私たちは自分をモデルに他者を理解しようとするがゆえに、世界には不幸（と、もらってもうれしくない誕生日のプレゼント）が絶えないのである」と端的に書いている。これなどは読みようによっては「人にしてもらいたいと思うことは何でも、あなたがたも人にしなさい」というマタイ福音書の言葉に真っ向から挑んでいる。

確かに、「自分が人にしてもらいたいと思うこと」は「他人が人にしてもらいたいと思うこと」とは違うものだ。なのに、それらは常に合致するものだと思い込んだときに様々な不幸が生まれるという考察はけだし正論である。被害者になり代わって勝手に容疑者にリベンジしに行く人などがでてきてしまうのも、自分のように他者も感じているはずだと「他者を自分と同じものと仮定」した結果だとすれば、ミラーニューロンは実は他者の靴を履くどころか、他者に自分の靴を履かせるものにもなりかねない。

ポール・ブルームのみならず、他者の行為を真似る脳の機能が、そもそもエンパシーの説明に結び付くのかということを疑問視する人々は少なくない。確かに、物を指でつまむとか、サイドステップを踏むとか、そういう肉体的な動きなら脳内でのミラーリングで自分も同じ動作をできるようになるかもしれないが、人が悲嘆や喜びを表しているところを見ても本人と同じぐらいに悲しくなったり嬉しくなったりすることは決してないし、悲しそうな顔をしていても内心笑っているとか、喜んでいるふりをしているが内心では口惜しくてしかたないとか、そうした人間の複雑さは模倣し合うだけではわからない。

むしろ、わかった気になることによる弊害が引き起こす問題は、まったく他者のためにならない方向に行く可能性もある。自分自身を他者に投射するということは、他者を「自己投影するためのオブジェクト」としてしか見なさないことにもなり、自分自身から「外れる」どころか、他者の存在を利用して自分を拡大していることになる。

エンパシーの達人、金子文子

「外して、広げる」ことをエンパシーのキーワードの一つとして挙げてみたが、実はエンパシーの種類それ自体もどんどん広がって増え続け、社会心理学者のC・ダニエル・バトソンなどは、エンパシーの概念は8つあると言っている。

〈1．他者の内的状態（思考と感情を含めて）を知ること　2．観察対象である他者と、同じ姿勢になる、または、同じ神経的反応が生じること　3．他者が感じているような感情を抱くようになること　4．自分自身が他者の立場にいるところを直観あるいは投影すること　5．他者がどのように考えたり感じたりしているかを想像すること　6．もし相手の立場にあったとしたら自分はどのように考えたり感じたりするかを想像すること　7．他者が苦しんでいるのを見て苦痛を感じること　8．苦しんでいる他者に対する感情を抱くこと〉だという（ジャン・デセティ他編『共感の社会神経科学』岡田顕宏訳、勁草書房）。

これだけ多くの定義が存在する中で、わたしが関心を持っているのは、あくまでオックスフォード・ラーナーズ・ディクショナリーズが定義するところのエンパシーであり、いま使われているカテゴリー分けの中でいえば、コグニティヴ・エンパシーと呼ばれるものである。つまり、自分を誰かや誰かの状況に投射して理解するのではなく、他者を他者としてそのまま知ろうとすること。自分とは違うもの、自分は受け入れられない性質のものでも、他者として存在を認め、その人のことを想像してみること。他者の臭くて汚い靴でも、感情的にならず、理性的に履いてみること。とはいえ、本当に人間にそんなことはできるのだろうか。しかし、エンパシーが「ability（能力）」だとすれば、きっとableな人にはできるのだろう。

そう考えるとき、この人はエンパシーの達人だったのではないかと思えるのが金子文子だ。彼女は朝鮮出身の無政府主義者、朴烈のパートナーであり、共に「不逞社《ふていしゃ》」という組織を立ち上げてアナーキストや社会主義者の仲間たちと共に雑誌を発行したり、講演会を開いたりしていたが、関東大震災の2日後に警察に検束され、大逆罪の容疑をかけられて起訴され、死刑判決を受けた。後に恩赦を受けて無期懲役に減刑されるのだが、彼女は天皇からの恩赦状を破り捨てて23歳の若さで獄中死している。

彼女の死については、縊死《いし》ということになっているが、様々な説があり、特に彼女が市ヶ谷刑務所から宇都宮刑務所栃木支所に移されてから最後の3カ月間は、外界との接触をシャットアウトし、刑務所内で激しい転向の強要が行われていたとも言われている。実際、本人もそれを思わせるような短歌をいくつか書き残している。

皮手錠、はた暗室に飯の虫　只の一つも　嘘は書かねど
在ることを只在るがままに書きぬるを　グズグズぬかす　獄の役人
言わぬのがそんなにお気に召さぬなら　なぜに事実を　消し去らざるや
狂人を縄でからげて　病室にぶち込むことを　保護と言ふなり

わたしは彼女のことを『女たちのテロル』という本に書いたことがある。そのとき、刑務所で彼女が書いた短歌の中でもひときわ印象に残り、これぞ金子文子だと本で取り上げた一首があった。それはこんな歌である。

塩からきめざしあぶるよ　女看守のくらしもさして　楽にはあらまじ

この女看守は、金子文子に転向を強いたり、刑務所の中で彼女にひどいことをしていた人かもしれない。そうでないとしても、国家を敵に回して反天皇制を唱えていた文子にとって、刑務所の職員は彼女に思想の転向を強いる「国家の犬」であり、彼女を痛めつけていた「敵」側の人間だ。

食事も満足に与えられず、または食事を拒否して空腹だったかもしれない文子の鼻に、おいしそうなめざしの匂いが漂ってくる。「貴様らだけ飯を食いやがって」と怒りがこみあげても不思議ではない。人をこんな目にあわせておいて、呑気にめざしなんか焼きやがってふざけんなと。

だが、文子はめざしの匂いをかいで、女看守の食生活からその質素な暮らしぶりを想像してしまうのだ。ああ、あの人の生活もきっとそんなに楽ではないんだろうと。

わたしは『女たちのテロル』を書いたとき、こうした文子の性質を「やさしさ」と表現した。しかし、後になってこれこそがエンパシーなんじゃないかと考えるようになった。立場が違う人の背景をあえて想像する努力をしなくても、彼女の場合は自然にエンパシー・スウィッチが入ってしまうのだ。

「やさしさ」が「kindness」のことだとすれば、それは全般的な親切心であるから、行うことが可能なシチュエーションであれば、何らかの親切な行為も伴うことになるだろう。が、刑務所にいる文子にはそれは物理的にそれはできないし、たとえできたとして、文子が女看守に友好的でやさしい態度を取るとはあまり考えられない。とすれば、文子のエンパシー・スウィッチは「やさしさ」から入ったものではないのではないか。ならばどうしてそれは入ってしまったのだろう。文子にとっては命がけで戦っていた国家権力、彼女を物のように弄《もてあそ》び、殺すだの生かすだの転ばせるだのと勝手に決定する巨大な化け物の一部である看守の靴を履いてしまったのはなぜなのだろう。

金子文子は、無籍者として成長したのでまともに学校にも通えなかった。幼くして親に捨てられ、親族に引き取られて朝鮮に渡ったが祖母や叔母からひどい虐待を受けた。文子は日本人コミュニティの人々よりも、貧しい朝鮮人の人々のほうに自分と近しいものを感じていた。日本からの独立を叫ぶ朝鮮の人々の三・一運動を見たときには、それまで感じたことがないような興奮を覚えたという。つまり、家族や学校、民族や国家といった人間が自然に「属している」と感じる枠組からいっさい外れたところで育ったのである。文子は、常に外れ者だった。これが彼女の思想家や文筆家としての特異性をつくったと言ってもいい。

だから彼女は社会運動に身を投じても、どこか醒めた目で外側から眺めているようなところがあった。実際、同志たちや社会派弁護士などに熱く支えられた裁判の最中に、パートナーの不手際による失敗の巻き添えになるよりも、同志みなに背を向けられても役人に改悛《かいしゅん》の情を示してなるべく早く自由の身になれるような工夫をしてみようと思ったことがあると言った人だ。これは、「革命のジャンヌ・ダルク」になろうとするなら決して言ってはいけないことである。そうした鋳型《いがた》から「外れる」ことのできた文子だから言えたことであり、彼女はジャンヌ・ダルクになるよりも、「わたしはわたし自身を生きる」にこだわった人だったからこそ、これを堂々と発言できた。

金子文子をアナーキストと呼ぶことが適当であるとすれば、それはどこまでも「self-governed（自らが自らを統治する）」を目指した生涯の在り方に尽きるが、実際に家族や学校や国家が存在する社会で本気でこれを行おうとする人は、「外れ者」になってしまう。それを恐れずに「self-governed」を目指すのはもともと「外れ者」として育った人か、「外れ者」になることを強く志向する人のどちらかだ。文子は前者である。

「わたしはわたし自身を生きる」と宣言し、「self-governed」のアナーキストとして生きた人が、他者の靴を履くためのエンパシー・スウィッチを自然に入れることができる人でもあったというのは逆説的である。彼女のことを考えると、思いきり利己的であることと、思いきり利他的であることは、実のところ繋がっているのではないかとすら思えてくる。

いずれにせよ、金子文子は、世間一般の「belonging（所属）」の感覚から完全に外れたところで成長した人だったからこそ、瞬発的に「敵vs友」の構図からするっと自由に外れることができたのは間違いない。ということは、「belonging」の感覚に強くはまっていればいるだけ、他者の靴は履けないということになる。属性が自分を守ってくれるものだと信じ、その感覚にしがみつけばしがみつくだけ、人は自分の靴に拘泥し、自分の世界を狭めていく。

それとは対照的に、自分の靴から「外れる」ことができた金子文子の思想は広がっていった。「世の親たちにこれを読んでもらいたい」と書き始めたはずの自分の生い立ちを綴った自伝ですら、「一切の現象は現象としては滅しても永遠の実在の中に存続する」という、後に鶴見俊輔がキルケゴールと比較した文章で終わるほどの壮大な広がり方を見せるのである。

彼女が獄中で書いためざしの歌が示しているのは、自分の靴が脱げなければ他者の靴は履けないということだ。そして逆説的に、自分の靴に頓着しない人は自主自律の人だということでもある。

金子文子は、自分の靴をすっと脱ぐことができるが、彼女の靴はいま脱いだ自分の靴でしかないことを確固として知っている。こういう人は、自分が履く靴は必ず自分自身で決定し、どんな他者にもそれを強制させない。

先頃、東京で生物学者の福岡伸一さんとお会いする機会に恵まれた。朝日新聞で「他者の靴を履く」ことについて対談したのだった（2020年1月1日朝刊）。

そのときに福岡さんが仰ったことで、鮮やかに心に残った一言がある。

「『自由』になれば、人間は『他人の靴を履く』こともできると思うんです」

アナーキーとエンパシーは繋がっている、ような気がする、という以前からのもやもやとした考えに一つの言葉を与えられたような気がした。

言葉。それは解答にもなるが、同時に新たな問いにもなる。

自らをもって由となす状態は「self-governed」であるということであり、「self-governed」という単語の意味をLEXICO（オックスフォード提携の無料辞書サイト）は「自らを統治し、自らの問題をコントロールする自由を持つこと」と定義する。

アナーキック・エンパシー。

そんな言葉は聞いたこともないが、増え続けるエンパシーの種類に新たなものが一つぐらい加わってもいいのではないか。そんな大風呂敷を広げつつ、これからアナーキーとエンパシーの関係について考えていきたい。

第2章　溶かして、変える

言葉はそれを溶かす

1週間ほど仕事で日本へ行き、英国に戻ったら、わたしが在住するブライトンが大騒ぎになっていた。複数のブライトン在住者に新型コロナウィルスの感染が認められ、医師の感染者もいたことから診療所が閉鎖されたりして全国ネットのニュースや新聞で大々的に取り上げられていた。

「ブライトンに行くのは安全なのか？」という見出しを掲げたタブロイド紙まであり、なんだかこれでは「汚染地域」扱いではないかと思ったが、その時点（2020年2月25日）での英国で新型コロナウィルスの検査で陽性が認められた人の数は9名。そのうち5名がブライトン在住者だった。

こうした事情もあってか、息子が通っている中学でも、アジア系の生徒への風当たりが強くなっているという。もともとアジア系の子どもは、息子曰く「究極のマイノリティー」というほど数が少ないのだが、それだけに目立つ。さらに、咳をしたり、ティッシュで鼻をかんだりしていると、周囲の視線が痛いそうで、あからさまに遠ざかっていく生徒たちもいるらしい。

「こないだ、バス停に立ってたら、久しぶりに通り過ぎる車の窓から『ファッキン・チンク！』って言われた。コロナウィルスがアジア人差別を正当化しているような感じ。黒人差別はダメだけど、アジア人は病気を持ってくるから差別してもOKみたいな」

フランスの地方紙が「黄色い警報」という見出しとともにマスクをつけたアジア系女性の写真を掲載して人種差別的だと問題になったが、ドイツのデア・シュピーゲル誌（欧州で最も発行部数が多いニュース雑誌だ）も感染防護服にガスマスクを着けた人の写真を表紙に掲げて「メイド・イン・チャイナ」の見出しを打った。また、エコノミスト誌の表紙も、「どれぐらい悪化するのか」の見出しとともに中国の国旗の柄のマスクをつけた地球のイラストを掲げていた。

感染症やウィルスが関わってくると、いつもは慎重にポリティカル・コレクトネスの概念を適用する大手メディアさえ迷走を始める。子どもたちにそうしたムードが伝わらないわけがない。

先日も、テレビで新型コロナウィルス関連のニュースが流れていたとき、息子がこんなことを言った。

「今日、授業のために教室を移動していたら、階段ですれ違った同級生の子が、真顔で『学校にコロナを広めるな』って言ったんだ。これはちょっとストレートっていうか、あまりにひどいから、ショックでしばらく棒立ちになってた」

「面と向かって言うのはすごいね」

「うん。でもね……」

と言って息子はわたしのほうを見た。

「この話には続きがあって。学食でランチを買うために並んでたら、その子が近づいてきて、すごく申し訳なさそうに『ひどいことを言ってごめんなさい』って謝ったんだ」

「え？」

「僕はひどいこと言われたとき、何も言わずにいたけど、階段で彼が僕に言ったことを聞いていた誰かが彼にあんなことを言うべきではないと話したみたい」

「……誰が、どんなことを彼に言ったんだろうね」

わたしは心からそう思った。彼が息子に言ったことは差別的であることを指摘し、言ってはならないことだったと諭したのだろうか。または、息子は外見はアジア系だが英国に住んでいて、感染のリスクは他の生徒たちとまったく変わらないという事実を指摘したのだろうか。

「どんなことを言ったとしても、言葉にするのって大事だなと思った。僕は黙っていたけど、誰かが話してくれたから彼は自分が言った言葉の意味に気づいて謝ってくれた。だから僕、なんか今日の午後はとてもいい気持ちで過ごしたよ」

言葉は人を不幸にし、怒らせ、他者を憎ませたりするが、同時に人を和解させ、幸福にもできる。その少年が謝罪をしなければ、息子の心にも彼に対する暗い感情の塊が巣食っていたに違いない。固まりかけていたその黒い不穏なものを、「ソーリー」という言葉が溶かしたのだ。

「だけど、僕も少し反省した。実はその子、自閉症なんだ。それで、正直、僕は彼に話してもわかってもらうのは難しいと思って、ただ黙って立っていたんだと思う。それは僕の中にある偏見だったんだ」

と息子は言った。

その少年が新型コロナウィルスを広めているのはアジア人だと信じていたとしたら、息子は息子で、自閉症の少年には抗議したところでわかってもらえないと思い込んでいたのだ。

言葉は思い込みを溶かす。固まっていたもの、凍っていたもの、不変だと信じていたものを溶かして、変える。

誰かの靴を履くためには自分の靴を脱がなければならないように、人が変わるときには古い自分が溶ける必要がある。言葉には、それを溶かす力がある。

言葉が溶かすことができるのは思い込みや信条だけではない。言葉は暴力生成のメカニズムを溶かすこともできる。

それを体現する映画が、坂上香《かおり》監督のドキュメンタリー、『プリズン・サークル』（2019年）だ。彼女は「島根あさひ社会復帰促進センター」という男子刑務所の中にカメラを持ち込み、「TC（回復共同体）」と呼ばれるプログラムを受講する受刑者たちの姿を2014年から2016年にわたって撮影した。

坂上監督は『Lifers ライファーズ　終身刑を超えて』（2004年）という作品で米国の刑務所で行われているTCをカメラに収めてドキュメンタリーにした。この作品を見た日本の刑務所関係者がこのプログラムを日本でも導入したいと考え、官民協働型の島根あさひで実現することになったのだった。

TCとは、Therapeutic Community（セラピューティック・コミュニティ）の略であり、島根あさひは坂上監督の映画『Lifers』に登場する米国のアミティのモデルを取り入れている。これはスイスの心理学者、アリス・ミラーの理念に沿い、心理療法的なアプローチで犯罪者や依存症を抱えた人々の治癒・回復を目指すプログラムだ。こう書くと、よくあるセラピーとどこが違うのかと思われそうだが、TCはセラピストと患者が一対一で行う治癒法ではない。参加者全員がセラピストであり患者でもあり、当事者たちのコミュニティとしてみんなで互いを治癒し、一緒に回復していこうというプログラムなのだ。

例えば、ＡＡ（アルコホーリクス・アノニマス）のような自助グループで、参加者が丸い輪（サークル）になって座り、それぞれの経験や現状を語り合うシーンは映画やドラマによく出てくる。ＴＣはあのようなことをより包括的に、そして集中的に行うプログラムだと言ってもいいかもしれない。プログラムの基本単位は3カ月（1クール）で、授業は週12時間で参加する受刑者たちは最低6カ月（2クール）の参加が義務づけられているという。1年から1年半ほど在籍する人が多いそうだ。

『プリズン・サークル』を見てわたしがまず驚いたのは、これは本当に日本の刑務所なのかということだった。あれが米国や欧州の刑務所を撮った映像ならまったく驚くことはない。ＢＢＣのドキュメンタリーか何かでいかにもありそうな感じだ。

しかし、サークル状に並んだ椅子に座ったのは日本の刑務所の受刑者たちであり、彼らがあんなに個人的なことを話すことができるというのはわたしには衝撃だった。「日本人は自分をさらけ出すことをしない。特に自分の恥になるようなことは絶対に他人には喋らない」というわたしの思い込みを見事に裏切り、ＴＣの参加者たちが幼少期の経験や犯罪をおかした経緯や現在の心境について、赤裸々に、真摯に自分の言葉で語っていた。坂上監督も、島根県の刑務所でＴＣが導入されると聞いたとき、それが米国の刑務所と同様の効果を上げることはないだろうと思っていたそうだ。日本が海外の何かを導入したとしても、形式的なことをなぞるだけになるケースが多いので、ＴＣにしても同じで、受刑者の人生を変えるような深い力を持つものにはなり得ないと考えていたという。

　しかし、島根あさひで行われているＴＣを見に行ったとき、坂上監督の予想は覆された。「目頭が熱くなった。と同時に、夢を見ているようにも思えた。ありえない、と」と彼女はそのときの感想を「プリズン・サークル　囚われから自由になるためのプラクティス」という連載に書いている（「世界」２０２０年１月号）。「長年抱いてきた『沈黙の文化は変わらない』という懐疑心が急速に溶けた」とも。

　この「溶けた」という表現は面白い。ここでも言葉が――ＴＣに参加した受刑者の青年たちの言葉が――わたしや坂上監督の（ともすれば海外在住経験のある日本人が抱きがちな）「日本では無理だろう」という思い込みを溶かしたのである。坂上監督と対談したとき（「波」２０２０年３月号）、わたしは思い切って彼女に尋ねてみた。映画に登場した青年たちは、グループの中でも特に自分の考えや感情を言葉にすることに長《た》けた人たちなのですかと。そういう能力のある人々を選んで撮影したのかと思ったからである。しかし、彼女は、ＴＣで教育を受けたから彼らはあんな風に言葉を発することができるようになったと答えた。もちろんそこには個人差が存在し、長い時間がかかる人もいるが、然るべき訓練を受ければ、みんな他者に自分の感情や考えを言語化して伝えられるようになるのだという。

これはエンパシーが訓練によって鍛えられることに似ていると思った。かわいそうと思う人だったり、考えに共鳴できる人が対象でなければ、つまり自分の気持ちが自然に相手に寄り添わなければ発揮できないシンパシーと違って、エンパシーは意図的に他者の立場に立って想像してみる能力であり、能力である以上は訓練で向上させることができるからだ。

坂上監督が前述の「世界」の連載で書いた「エモーショナル・リテラシー」のコンセプトが言語化能力とエンパシーの関係を解く一つのヒントになりそうだ。彼女はエモーショナル・リテラシーについてこう説明している。

直訳すると「感情の識字」であるが、それは、さまざまな感情を感じ、理解し、表現する能力のことを指す。同時に、その能力を高めることも含まれる。感情に振り回されるのではなく、感情を使いこなせるようになるための方法である。（「世界」２０２０年2月号）

島根あさひでは、エモーショナル・リテラシーを「感識」という日本語に訳しているそうで、坂上監督はその言葉の意味をこう解説する。

感識（エモーショナル・リテラシー）……自分の心の動きや感情を感じ取り、それを認識し、表現する力。感情の読み書き能力。「感情の筋肉」の強さ。（同前）

感情の読み書き能力とは、感情を他者に正しくコミュニケートする能力だ。例えば英国では、公立中学校に演劇の科目があるが、これも「感識」を高めるための教育と言っていい。わたしが英国で保育士の資格を取ったとき、見習いボランティアとして実習したのは「底辺託児所」（とわたしが勝手に呼んでいる保育施設）で、そこは英国全土でも特に失業率、貧困率、疾病率が高い地域にある無料託児所だった。ソーシャルワーカーが介入している家庭の子どもが多く、虐待や育児放棄の疑いをもたれている家庭の子どもたちもいた。当該託児所で力を入れていたのが、やはり演劇的な教育だった。

壁に様々な表情をした人間の写真を貼り、「これはどんなときにする顔かな？」と子どもたちに質問する。笑っている顔は「ハッピーなとき」「チョコレートを食べるとき」と答える子もいるが、まったく反応のない子、表情にそぐわない答えを返してくる子もいた。いまでも覚えているのは、微笑んでいる人の顔を指して「ひどく叱られたとき」と答えた子がいたことだ。ふざけてウケを狙っているのかと思って「え？　叱られたときにこんな顔するかなあ」と聞き返すと、その子はこくりと頷き、「笑わないと叩かれる」と答えた。

うれしいときに笑う、悲しいときに泣くという感情と表現の回路がまっすぐに繋がっていない子どもたちがいる。こうした教育を幼児期に行うのは全体主義的という人もいるが、「ツンデレ系」とか「冷笑系」とかいうインディヴィジュアルな個性は、まずスタンダードな感情の伝達法がわかってから育んだらいいのであり、虐待や育児放棄を受けていたとしてもそのことを他者に正しい表現の回路で伝えることができなければ、子どもたちは自らを危険な状況に置くことになる。

さらに、他者の表情や仕草からその感情をおおよそ正しく想像することができなければ、エンパシーなど働かせようがない。これは感情の読み書きの「読み」の部分である。他者の感情を正しく読むことができなければ、人は他者をフィジカルに、または言葉や態度で傷つけたり、自分の思う通りに動かそうとする。

一般にこれは「暴力」と呼ばれるものだ。

「I」という主語の獲得

映画『プリズン・サークル』の冒頭で、オレオレ詐欺で2年4カ月の刑期にある青年が書いた「嘘つきの少年」という物語が出てくる。その物語はこのように始まっている。

昔々あるところに、嘘しかつかない少年がいました。少年はどんなことがあっても絶対に本当のことを言いません。少年は寂しがり屋なので誰かと一緒にいたいと思っていますが、嘘しか言わない少年のことなど、町の人たちは相手にしません。孤独で気が狂いそうになってもそれでも少年は嘘しか言いません。少年には嘘しか言えない理由がありました。

この物語から連想したのは町田康の『告白』（中公文庫）だ。河内十人斬りをモチーフにしたこの小説では、主人公、城戸熊太郎はきわだって思弁的な人間であるのに、思考と言語を一致させることができない。思っていることが正しく他者に伝わるように表現できないのだ。考えと言動がバラバラなため自らが加害者なのか被害者なのかも曖昧になってどうしようもないことを繰り返す。ついに大量殺人（河内十人斬り）を犯すという取り返しのつかないところまできて、「すんませんでした。全部嘘でした」と誰にともなく告白して死のうとするが、銃の引き金を引くことができず、「まだ、ほんまのこと言うてへん気がする」と、本当の自分の思いを心の奥底に探す。しかし、そこは「曠野であった」。何の言葉もなく、何の思いも、何一つ出て来ず、ただ涙があふれるばかりで、熊太郎は「あかんかった」と言って銃の引き金を引く。

このような感覚は何も特別なことではなく、社会で他者と共存している人間なら多かれ少なかれ経験していることだろう。わたしたちは日々いろいろな人といろいろなことを喋っている。しかし、いったいどのくらい本当に自分が言いたいことを口にしているのだろう。自分が思っていることや考えていることを言語化しない（または、できない）ままに会話を流していることが大半なのではないか。

坂上監督によれば、『プリズン・サークル』を見た人々から、「自分もあの椅子の一つに座りたい」という反応がしばしば返ってくるそうだ。もちろん、刑務所に入りたいという意味ではない。TCのサークル状に並んだ椅子の一つに座って、語りたいと思う人が多いということだ。これは、『告白』の熊太郎のように「あかんかった」になる前に、自らの感情や考えを言語化して自分の中から出し、他者に伝えたいと思う人が多いということではないだろうか。

『プリズン・サークル』の島根あさひのTCの授業では、プログラムの「傍観者」ではなく、「参加者」になるよう呼びかけているという。「傍観者」とは、ディスカッションや対話、アクティヴィティなどに参加しようとしない人、聞いているふりをしているだけで無関心な人、自己開示しない人、嘘をついたり、正直に言わない人などのことだそうだ。

誰にも本当のことを言わない人や嘘をつき続ける人は、人生において傍観者的立場に追い込まれてしまうのだと島根あさひのTCでは教えている。『プリズン・サークル』に登場する参加者たちの中には、家族には一切弱みを見せずに、大丈夫だと嘘をつき続けたという受刑者がいた。彼は、それで家族と関われていたが、実は、関われていなかった自分の孤独に思い至る。他の刑務所では近しい人にも自分の犯罪について言ったことがなかったという受刑者、基本的につきあっていた子にも自分のことを話したりしなかったという受刑者、嘘をつき続けていると被害者を見られない、判決がどうなるかしか見られない、と語った受刑者もいた。
嘘をつくということは、「自分という個人として他者と関わらない」ということであり、会話しているように見えても実は会話していないということだ。それがなぜ自分の人生の傍観者的立場に繋がっていくのかという説明になるような一節をドイツのジャーナリスト、カロリン・エムケの著書、『なぜならそれは言葉にできるから　証言することと正義について』（浅井晶子訳、みすず書房）に見つけた。

人の個人性を奪う手段は、髪型を統一し、同じ服を着せ、全員を名前のない集団にすることのみではない。互いに個人として交わすことのできる会話の欠如もまた、個人性の喪失につながるのだ。

エムケがここで書いているのは、強制収容所のような極限まで自由を奪われた生活の中で、人間が人としての尊厳を剝ぎ取られて「物」にされた状態のことだ。こうした状況下では、何か間違ったことを言えば拷問されるかもしれないという恐れや、言葉を発せないほどの体力の欠如、極度の疲労など、収容所で人々が話をしなくなる理由はたくさんある。だが、なにより、人に会話をさせなくなるのは、「主体性をなくした」という感覚だとエムケは言う。
主体性とは「I」である。「I（わたしは）」という主語をなくすときに、人はどう文章を紡いで何を喋ればいいのだろう。エムケは、ハンナ・アーレントの「人間的なことがらの絡み合い」（すなわち他者との会話や相互理解）という言葉を引用して、人間は他者と言葉を交わすことによって自己認識に至る言語的存在であり、人間の自意識は孤独の中で自然に出来上がるものではなく、他者との関わりがそれを作っていくのだと主張する。エムケはこう書いている。

つまり、自身の継続的なアイデンティティが証明され、確認され、問われるのは、他者との会話においてなのだ。他者との会話によってはじめて、体験したことを理解し、それを経験として形式化することが可能になる。人間のあらゆる特色や相違点、類似点、多様性——すなわち個人性——は、他者の承認または拒絶を通して初めて浮き彫りになるものだ。

ここでは「個人性」という言葉でアイデンティティが表現されている。近年、アイデンティティというと、人種や性的指向、ジェンダーなどのいわゆる帰属性を指す言葉として語られがちだが、そもそもアイデンティティという言葉は「自分さがし」や「自分らしさ」などのコンセプトと関連して使われることの多い言葉だった。オックスフォード・ラーナーズ・ディクショナリーズのサイトに行くと、identity はこう定義されている。

identity…1. 誰か／何かが何者であるか、または何であるか
2. 人々を他者とは違うものにする特徴、意識または信条
3. 誰か／何かと非常に似ていて、理解することができる状態または気持ち

エムケは、アーレントの言う「人間的なことがらの絡み合い」を通してしか、「自分は何者であるか」「自分を他者と違うものにする特徴や意識や信条」の認識には至ることができないという。だからこそ、「人間的なことがらの絡み合い」に自分として参加しない（嘘をつき続ける）ことによって、人間は「I」というアイデンティティを構築する機会を失う。そして人生に起きるすべての事象に対して傍観者的な立場（ある意味、俯瞰《ふかん》的な目線とも言える）で認識することになるのだ。これは犯罪にしても同じだろう。

『告白』の熊太郎は「全部嘘でした」を自分という存在が生涯の最後に言う言葉として選んだ。が、やはり違うんじゃないかと思って、「I＝自分を主語として語る本当の言葉」が心の底のどこかに存在するのではないかと必死で探す。が、何もなかった。そして「あかんかった」を最後の言葉にして死んでいくのである。

熊太郎の死にざまは、「I」という主体性をもって喋る能力は孤独にひとりでに育つものではなく、他者との関わり（傍観者としてではない「自分」としての関わり）を通じてしか生まれないというエムケの主張を思い出させる。

興味深いことに、『プリズン・サークル』の坂上香監督によれば、詐欺犯のように無意味な言葉をべらべらと羅列する受刑者がTCのプログラムを受講すると、逆に喋らなくなり、一時的に言葉を失うことがあるそうだ。これは自分がこれまで発していた言葉の空虚さに気づき、言葉を獲得し直すまでのプロセスの一部なのだという。言葉を発せない時期を経て、再び喋ることができるようになったときには、受刑者の言葉はまったく以前とは違うものになっている。もう人生の傍観者ではなく、「I」を獲得しているのだ。

エンパシーとドラマツルギー、そしてSNS

『プリズン・サークル』の中で、TCをきっかけに一人の受刑者が人生の傍観者でなくなる瞬間を見事に捉えているのが「第6章　健太郎」だ。

この章にはTC参加者たちのロールプレイの映像が収められている。健太郎は人の繋がりは金銭を通してのみ維持可能だと信じていた。だから、借金を重ねながら母親や恋人にお金を渡し続け、それが無理になってくると親戚の家に強盗に入り、叔父に怪我を負わせてしまう。強盗傷人、住居侵入で5年の実刑を受けて、恋人も、彼女のお腹の中にいた赤ん坊も、友人も職場の同僚たちも何もかも失ってしまった。

健太郎には罪の意識が希薄だった。彼の中では被害者は自分なのだ。なんで自分だけがこんなつらい目に遭わなければいけないのだろうと感じ、生きることが面倒くさくなって死にたいと思うこともよくあった。TC参加者のあいだでの彼のニックネームは「鉄仮面」。いつも無表情でサークル状に並んだ椅子の一つに座っていて、そもそも心が動く状態というのが自分にはわからないと発言していた。

そんな健太郎がある日、TCの授業でロールプレイに参加させられる。彼は「自分自身として」サークル状に並んだ椅子の一つに座らされた。他の参加者たちは彼の犯罪の被害者の役を演じることになった。彼が強盗で傷を負わせた叔父役の参加者が「どうしてあんなことをしたんだ?」と彼に質問すれば、叔母役の参加者は「あれからわたし、怖くて眠れなくなったんですよ」と言う。健太郎はそれら一つ一つの言葉に「自分自身として」答え始める。そのうち、「鉄仮面」が涙をこぼし始めた。被害者役の参加者たちも涙ぐんでいる。このシーンですごいのは、彼を責めているTC参加者たちも、実はみな何らかの犯罪の加害者であり、彼らにも被害者が存在しているということだ。

つまり、被害者役の参加者たちは、まさに「他者の靴を履く」ことによって健太郎の被害者の心情を想像しながら、同時に自分自身の被害者たちの靴も履いているのだ。そして彼らから被害者としての怒りや恐れをぶつけられている健太郎は、最初はまるで自分自身の役を演じるように冷静に反応しているが、徐々にその「鉄仮面」が溶け出し「I」が表出してくる。

ロールプレイとは、「ごっこ」であり、芝居である。他人を演じることが「I」の獲得に繋がるというのは興味深い。先にも触れたように、英国では、演劇が中学校の科目の一つとして導入されていて、それは子どもたちの表現力やクリエイティヴィティを高めると言われているが、このロールプレイのシーンを見ていると、演技が「I」の獲得だけでなく、エンパシーという能力を向上させる機能もあることがよくわかる（そしてここでも、〈「I」の獲得＝利己的になること〉と〈エンパシー＝利他的になること〉の明らかなリンクが見える）。

いまでも多くの学校で課題図書になっているハーパー・リーの『To Kill A Mockingbird（アラバマ物語）』という小説がある。1930年代の米国南部で婦女暴行の罪をかぶせられた黒人青年の裁判を通し、当時の白人たちの偏見や人種差別を描いたものだが、同書にはこんな一節がある。

彼の視点に立って物事を考えてみるまで、本当に他者を理解することなんてできない。
――彼の皮膚の内側に入り込んで、それを身に着けて歩くまでは。

他者の皮膚をまとって歩くという行為こそ、俳優たちが日常的に行っていることだ。俳優は人間の表情や言葉と感情のリンクを正しく知り、そのリンクを使いこなしながら様々な人物の経験やストーリーを観客に伝える。だが、俳優に限らず、一般のわたしたちも、表情や言葉と感情のリンクを知らなければ自分の感情や考えを他者に伝えることはできない。米国の社会学者、アーヴィング・ゴフマンはドラマツルギーというコンセプトを社会学の分野で提唱した人として知られている。彼は、人々の生活は終わることのない演劇のようなもので、人間はその中の俳優なのだと主張した。

ゴフマンによれば、人間は「日常」と呼ばれるステージに赤ん坊として生まれてくる。人間の「社会化」とは、他の人々から自分に割り当てられた役柄を演じることだ。わたしたちは他者とともに生活する中で自分の役を確立する。言い方を変えれば、他者との関わりの中で自分の役割を作り、他者にも役割を与えるのだ。それは組織の中では上司や部下、社長、新入社員、家族の中では親、子ども、兄、妹など、他にも、先生と生徒、医師と患者、師匠と弟子、客と店員など、実に様々な役を演じながら人は生活している。それらの役割をそれぞれの場面で演じることで、自分のキャラが出来上がってゆく。これはハンナ・アーレントが使った言葉、「人間的なことがらの絡み合い」を通してしか人は自己認識に至れないのだというエムケの主張にも通じる。

また、ゴフマンは、日常というわたしたちの演劇の場には、「表舞台」と「舞台裏」が存在すると説いた。人前で自分のセリフを喋っているときは「表舞台」にいて（職場や教室、食事のテーブルなど）、日常のほとんどの時間を人間は演技して過ごしている。しかし、たまに舞台から降りて舞台裏で休むことが許されている。その私的な領域では人は演技する必要はない。人間は舞台裏でリラックスして休養を取ったり、または次に舞台に上がるときのための準備をする。

このゴフマンのセオリーを考えるとき、思いを巡らさずにいられないのは『プリズン・サークル』のサークル状に並べられた椅子はどこに位置しているのかということだ。人前で自分の経験や考えを喋っている以上、「表舞台」に立っていることになるだろう。つまり、TCプログラムの参加者たちは、「表舞台」に立って生活しているときの自らの役割をうまく捉えられなかった、あるいは役割をきちんと与えられなかった（おそらくは両方だろう）人々であり、彼らが「変わる」ときというのは、社会の中での自分の役割と向き合える（捉えることができる）ようになったときだ。さらに、そうなってこそ人は他者にも然るべき役割を与えることができるようになる。だからTCを受講すれば、傍観者的に適当な態度で会話を流していた人が自分の役割を正確に捉えることができるようになって、実のあることを喋るようになり、「話す言葉が変わる」のである。ある意味では、彼らは「社会化」されたとも言える。

他方、サークルの椅子はたとえ周囲に他者がいたとしても「舞台裏」、または、かなりそこに近い「表舞台」（舞台袖とか）ではないかという考え方もできる。おそらく、『プリズン・サークル』を見るとそういう風に感じられるからこそ、「あの椅子に自分も座りたい」と思う観客が多いのではないだろうか。「実はこんな自分を演じているのには、それなりに理由があるんです」「あのときはあのセリフを発したものの、実はそんなこと微塵も考えてないんです」と安心して言える場を欲している人が多いということではないか。

裏を返せば、そんなことを言っても許されるほどの他者との信頼関係を欲しているとも言える。SNSや「共感ボタン」でリンクする「ゆるいつながり」は簡単に共有することができる。が、ネットも実は表舞台の一つに過ぎず、それどころかいったん上がると降りることが難しいネバーエンディングなステージだったと気づいた人々は、舞台裏のようにホッとできる場を渇望しているのではなかろうか。

坂上監督は、その安心できる場を「サンクチュアリ」と呼んだ。自分のことを話さなかった人が話せるようになり、嘘ばかりついていた人が「I」を主語にした言葉で話せるようになるには、自分をさらけ出しても安全だと思える場所として機能する空間が必要だという。TCのサークルは「サンクチュアリ」として機能しているからこそ、人々が新たな言葉を獲得する場になっているのだ。

保育の世界には「セキュア・ベース（安全基地）」という言葉がある。これは、子どもが心身ともに健やかに発育するには外界から安心して戻れる基地が必要だという概念で、米国の心理学者メアリー・エインスワースが提唱した。そのセキュア・ベースとは、親や里親などの身近で自分のケアをしてくれている大人との安定した関係である。「サンクチュアリ」も、物理的な空間や場所というより、そこにいる人々との信頼関係のことだろう。

ネット上の「共感」（＝シンパシー）にもとづく関係は、サンクチュアリやセキュア・ベースにはなり得ない。その理由は、アーヴィング・ゴフマンの「印象操作」の概念を使うとよくわかる。人間は誰でも、社会の様々な場で演じている役柄をよりそれらしく見せるために、「表舞台」での自分のイメージをコントロールしているというのが「印象操作」の概念だ。例えば、環境（家、部屋、会う場所のセッティングなど）、外見、他者との交流のしかたなどを通して、他者の目に映る自分の姿をプロデュースしている。

この「印象操作」こそ、まさにSNSでのコミュニケーションの基盤である。家の中でももっともクールに見える場所や外出先の素敵なカフェなどで、着飾った服を着て瞳を見開き唇をすぼめてきれいに写った画像をインスタグラムに投稿し、正義派、冷笑派、時どきジョークも飛ばすユーモラスな人などの自分が決めたアカウントのイメージに沿って140字の言葉をツイートして行く。ネットはまさに個人イメージのトータル・プロデュースの場だ。そして共感の「いいね！」のクリック数が多ければ多いほど、そしてフォロワー数が増えれば増えるほど、その人の「印象操作」は成功しているのだ。

が、このような自己プロモ合戦の場、もはや演技の媒体となる肉体すら失ってイメージだけを見せ合っている究極の「表舞台」がサンクチュアリになるわけがない。

ＳＮＳでエンパシーが育ちにくいのは、そのプラットフォームがあまりにも「印象操作」に適している場所だからだ。そこでは、ふだんの生活の中で誰かと触れ合うときと違い、見せたくない表情は一切見せずにすむ。常に無数のオーディエンスがいる場では、誰かにかける言葉、あるいは他者について語る言葉すら自分の「印象操作」の一環となり、そんな風にそれぞれが自らの印象のトータル・プロデュースに忙しい空間では、「舞台裏」のその人のことなんかどうでもよくなる。

ＳＮＳがふだんの生活では信じられないような非人間的な言葉が渦巻く場所になってしまうのは、匿名で書けるからというより、あまりにピュアに「見られることがすべて」の「表舞台」なので、他者を一人の人間として見られなくなり、エンパシーが機能不全になるからではないか。シンパシーの「いいね！」はたくさん押して、押されているのに、エンパシーの荒野になりがちな場所。それがＳＮＳではなかろうか。

帰属性も「本当の自分」も人を縛る

他方、リアルな日常のほうでは「印象操作」はより困難だ。ネットでは強気で言いたい放題の印象だった人が、実際に会ってみるとやたら腰が低くて小心そうでびっくりした、というようなことはよくある。リアルな現場での人間どうしの関わりでは「印象操作合戦」の要素は薄れるが、代わりに強く立ち現れてくるのが、ゴフマンの定義で言えば、「儀礼としての相互行為」である。これについて、入江公康著『現代社会用語集』（新評論）にはこう書かれている。

デパートに入って、「これから万引きするぞ」とでもいうようにあたりをきょろきょろみまわすなど、「不審者として」ふるまう者はいないだろう。だれしも商品を買う準備のある、「ほかならぬ客として」ふるまう。

　こうやって、お互い役割を演じあって、必死に日常、ひいては社会を支えあっているということだ。そうしなければ秩序が壊れてしまうから。このように、社会というものはじつはとても脆弱だというのが、ゴフマンがいいたかったことである。

『儀礼としての相互行為』はその儀式ヴァージョン。社会は儀式で支えられているというもの。たとえばあいさつは、人びとが毎日なにげなくする儀礼行為のひとつ。「おはよう」とあいさつしたら、「おはよう、気持ちのいい朝だね」と返すのがパターン。そこで「Ｆｕｃｋ！」と返してみる。なにが起こるだろうか。

　しかし、ここで「Ｆｕｃｋ！」と返すことも、「Breaking Character（キャラクター破壊）」という演技の一つということもできる。わたしたちは、本当の自分がどこかにいると信じれば信じるほど、儀礼的なことをして生きる自分は偽物のように思えてきて、「Ｆｕｃｋ！」と言いたくもなるが、しかしそれにしてもまた、社会の中には一定数存在する反逆者の役割を演じているのかもしれないのだ。

こういうことを考えていると思い出すのは、アミン・マアルーフの著書、『アイデンティティが人を殺す』（小野正嗣訳、ちくま学芸文庫）である。これは帰属性というアイデンティティについて書いた本だが、彼は、帰属性は我々の皮膚に描かれた模様のようなものだと説明する。例えば、わたしだったら日本人、移民、女性、母親、物書き、欧州に住むアジア人、など様々なグループの模様をつけて生きている。だが、それでも「わたし」という個人のアイデンティティは一つしかないのだとマアルーフは主張する。わたしたちがまとっている皮膚は一枚しかなく、何枚もまとって複数の人間の生を同時に生きているわけではないからだ。

つまり、帰属性のアイデンティティは各人がまとっている皮膚に描かれた複数の模様の一つに過ぎず、それらの模様の組み合わせが一人一人違うからこそわたしたちはユニークな唯一無二の存在であり、その模様の集合体をわたしたちは「個としてのアイデンティティ」と呼んでいるのだ。それなのに、皮膚に描かれた模様の一つに過ぎないものを自分のアイデンティティだと思い込んだり、誰かに決め付けられたりするときに、わたしたちは人を殺したり、戦争をしたりするようになる、というのが彼の議論だ。

これはドラマツルギーの話にもスライドできるように思える。わたしたちは、様々な顔（役柄と言ってもいい）を持つ。例えば、医師である人が同時に誰かの息子だったり、また父親だったり、近所の人々で構成されたラグビーチームの一員だったり、公園のガーデニングを行うボランティアのメンバーだったりする。その時々によって、彼は医師を演じたり、父親を演じたり、公園で雑草を刈っている気さくなおじさんを演じたりする。彼という「個」はそれらの顔の集合体なのだ。どれか一つが「本当の自分」と思い込む必要もないし、誰かから「これが本当の君の顔だ」と決められる筋合いもない。

これは他者の靴を履くためにはとても大切な認識になるだろう。ある特定の状況で、誰かの顔がどんな風に（醜く、美しく、優しく、非人道的に、正しく、悪意に満ちて）見えたとしても、それはその相手が持っている顔の一つに過ぎない。その人には必ず別の顔（役柄）があることを忘れたり、故意に否定すべきではない。人間は社会の中で演じている様々な顔の集合体なのだから、「これが本当のこの人」と決め付ける考え方は的外れなだけでなく、危険ですらある。それは帰属性のアイデンティティを一つに決め付ける場合と同様に、憎悪や暴力や悲劇につながるからだ（こんなやつには極刑を与えろ――つまり殺してしまえ――などの極端な考えが生まれるのもその一つだろう）。

このことは「汚い靴、臭い靴は履きたくない問題」を解決する糸口にもなりそうだ。誰かが履いている靴が汚く、臭く見えたとしても、単にそれはその人の顔（の一つ）を見てこんな人の靴はどうせ汚いとか臭いとか思い込んでいるだけであり、ひょっとすると人間が履く靴（それは「人生」と呼ばれるものなのかもしれない）それ自体には、臭いとか汚いとかいう特性はないのかもしれないのだ。

『プリズン・サークル』の坂上監督は、いまツイッターで「エンパシーの連鎖」を広げようとしているそうだ。その一連のツイートの一つにはこんなことが書かれていた。

何年も前、電車で気弱な中学生男子がもう一人から一方的にこづかれたり、首を締められたりしていた。「やめなよ。私だったら嫌だよ、そんなことされるの」といじめっ子に言った。続けて「でも大変だよね、君も。学校も家も、きついよね」と言ったら、手を放し、表情から緊張が消えた

前半と後半のアクロバティックな跳躍がすごいツイートだが、さりげない一言で虐待やいじめは止められる、言葉にはそういう力があるのだと信じる坂上監督らしい内容だ。気弱な男子をいじめていた中学生に後半の言葉をかけられるのは、まさに人間という生き物は複数の顔の集合体であることを知っているからだろう。

「本当の自分」、「本当の誰か」というコンセプトから解放されることは、帰属性のアイデンティティは一つしかないと思い込むことからの解放に似ている。

たった一つでなければならず、たった一つであることが素晴らしいのだという思い込みから外れること。そうすれば人は一足の自分の靴に拘泥せず、他者の靴を履くために脱ぐこと

ができるようになるのかもしれない。

言葉はそのきっかけになれる。既成概念を溶かして人を自由にするアナーキーな力が言葉には宿っているのだ。

そしてそれはやがて社会全体を溶かし、変容させるウィルスのような不可視の有機体にもなれる。

第3章　経済にエンパシーを

エンパシー・エコノミー

「エンパシー・エコノミー」の概念が米国や欧州で近年さかんに語られている。日本語ではエンパシーは「共感」と訳されてしまうので、これもまた「共感経済」と翻訳されているらしく、NewsPicksの家入一真と齋藤隆太の対談記事「『共感経済』はリアルか?」（2018年12月13日）を読むと、こう定義されている。

共感経済

他者との共感や信頼関係をベースに営まれる経済のあり方のこと。そこでは個人間やコミュニティの関係性における、特有の「価値」が流通する。取り上げられる価値には、これまで資本として見なされなかった感情や評価といった心情的な要素が多く、インターネットやブロックチェーンなどのICT技術により実装される事例が多くなってきた。近い意味合いで、感謝を価値化する「感謝経済」の語もよく使われる。

一方、ComputerworldのＵＳサイトでは、「エンパシー・エコノミー」はこう解説されている（Mike Elgan. "Enterprises, emotion and the rise of the 'empathy economy'"〔2018.7.7〕）。

「エンパシー・エコノミー」とは、人間の感情を検知し、模倣するＡＩによって創出される金銭的またはビジネス的価値であり、顧客サービスやバーチャル・アシスタント、ロボティクス、工場の安全性、健康管理、輸送などを完全に変えるだろう能力。

前者のほうはちょっともやもやとしてわかりづらいが、後者は具体的にどうエンパシーを経済に使うのかが示されている。つまり、共感や信頼関係といった目に見えないものを測るためにＡＩを利用してビジネスを行うとストレートに書かれているからだ。

例えば、「他者との共感や信頼関係をベースに営まれる経済」と聞けば、企業の中なら顧客サービスがすぐに浮かぶ。市場調査会社のフロスト&サリバンがCogitoの依頼で行った調査によれば、93％の調査対象者が顧客サービスの対応が企業の印象に影響を及ぼすと答えたという。顧客とのやり取りに必要になってくるのがエンパシーであるのは間違いない。

前章で、英国の幼児保育施設では様々な表情をした人間の写真を見せて、「これはどんなときにする顔かな?」と質問していたと書いた。その後で保育士は、子どもたちに写真と同じ表情をさせて、人の感情表現を理解する訓練を行う。が、実はどうもこういうことはＡＩのほうが得意なようだ。オハイオ州立大学は写真に撮影された人間の21の表情からそれぞれが表現している感情を検知するプログラムを開発した。同大学の研究者たちによれば、彼らが開発したＡＩシステムのほうが人間よりも正確に他者の感情を検知できるという。

さらに、ＩＴ分野の調査・アドバイザリー企業、ガートナー社も、２０２２年までにはエモーションＡＩが誰かの感情やムードを家族や親しい人よりも正確に知ることができるようになるだろうと予測している。感情情報処理の分野でのＡＩの発達にはそれほどめざましいものがあるのだ。

しかし、考えてみれば、ＡＩのほうが生身の人間よりも他者の感情を正確に認識できるのは不思議なことではない。わたしたちが他者に対するエンパシーを働かせようとするとき、自分自身の経験や思想の問題を完全に取り去ることは難しい。人間である以上、どうしても「自分がその立場ならこう感じるに違いない」という「マイ価値観」に立脚したものになりがちで、開かれたフラットな考察にはならないことが多いからだ。これは自己を対象に投射したエンパシーは本物ではないと前世紀半ばの心理学者たちが言ったことでもある。

他方、ＡＩには生身の人間としての人生経験や思想はないので、「マイ価値観」や「自分だったら」に目を曇らされず、ニュートラルに他者の感情を読むことができる。ＡＩのエンパシーには「こんな汚い靴は履きたくない」という先入観もない。つまり、エンパシーのカテゴリー分けで言うところのコグニティヴ・エンパシー（認知的エンパシー。感情的にならずに理性的に他者の立場に立って想像してみる）という分野では、人間よりもＡＩのほうが能力的に上なのだ。

このことを考えるとき、思い出すのはポール・ブルームが『反共感論』で展開したサイコパスの議論である。ブルームは、コグニティヴ・エンパシーは善きことをなすものとして過大評価されていると主張した。「つまるところ、他者の欲望や動機を正確に読み取る能力は、上首尾の（警察に捕まっていない）サイコパスの特徴」と彼はその理由を説明する。エンパシーという力は、常に善を為し、人を助けるために使われるわけではなく、その能力を用いて残虐な行為や他者からの搾取を行う人間もいるのだと彼は言った。

これはエンパシーを経済に使おうとする行為にもまさに当てはまる指摘だ。エンパシー・エコノミーというと優しい経済、人道的な経済のような響きがあるが、実際には他者の心を正確に読んでうまく人を操作し、搾取する経済にもなり得るからだ。

例えば、英国でＥＵ離脱の是非をめぐる国民投票が行われた際、離脱派のキャンペーンを率いたドミニク・カミングス（この人はジョンソン首相の上級顧問も務めた。首相を裏で操る黒幕として知られ、「英国のラスプーチン」〔ガーディアン紙〕と呼ばれていた）が、データアナリストの協力で高度なアルゴリズムを使い、ＳＮＳを巧みに操作して一度も投票したことがない有権者層をターゲットにEU離脱キャンペーンを展開したことはよく知られている。つまり、ネットの向こう側にいる人々の嗜好や思想などのプロファイリングを行い、各人に効果的な「カスタマイズされた情報」を流すデジタル情報戦で離脱派を勝利に導いたと言われているのだ。これなども、他者の靴を履いてその人の考えや感情を想像するエンパシーがPRに利用された例だ。いみじくも、キャメロン元首相はカミングスのことを「プロのサイコパス」と呼んだ。

エンパシーがビジネスに悪用された例としては、「I Sea App」のケースがあった。「I Sea App」はリビングルームから参加できる人命救助アプリとしてロイターやWIREDなどのメディアに取り上げられた。地中海の島国、マルタ共和国に本拠を置く移民支援組織MOAS（Migrant Offshore Aid Station）が、地中海の衛星画像から難民の乗った船を探索できるアプリとして2016年に発表した。国際的な代理店、グレイ・グループのシンガポール拠点が開発したものだった。起動するだけで、地中海を渡る難民の発見に協力できるとし、命の危険をおかして海を越える難民たちの救助を助けられると宣伝されていた。ユーザーには地中海の一定のエリアが割り振られ、そのエリアを写した最新の衛星画像から難民の乗る船を探索するというのである。

2015年には難民ボートの転覆によって死亡した男児の写真が世界中に衝撃を与え、2016年にはリビア沖で密航船が転覆して約700人が死亡した可能性があると国連が発表した。その時期に発表された「I Sea App」は、まさに人々の善意に訴えるものだった。が、このアプリはフェイクだったことが判明し、すぐにAppleのApp Storeから外された。懸命に人々が難民の船を探していた画像は、地中海からの最新の画像ではなく、いつまでたっても何の変哲もない単なる海の写真であり、地中海南部の気候をリアルタイムで反映しているはずなのに、それもまったく合致していないことがわかったからだ。『The Net Delusion: The Dark Side of Internet Freedom』の著者でテクノロジー・ライターのエフゲニー・モロゾフは、こうしたケースを「エンパシー・ウォッシング」と呼んでいる。汚れたビジネスをエンパシーという人道的なイメージの言葉で洗浄するという意味だ。

このようにフィクショナルな人道主義に人々が惹かれてしまうのは、「自分が参加して世界を変えたい」という願望の表れかもしれないし、テクノロジーが世界の全ての問題を魔法のように解決してくれるという無邪気な期待の表れなのかもしれない。しかし、テクノロジーは資本と切り離せないものだ。だから、人々の善意が単に私腹を肥やすための金儲けや詐欺まがいのビジネスに利用されるだけで、まったくバカバカしい茶番に終わることもある。エンパシー・エコノミーの胡散臭さの元凶はこれであり、別に高度なアルゴリズムとかテクノロジーを使わなくとも、経済にエンパシーを注入することはできるはずだ。

利他的になれば利己的になる

このことを考えるとき、逆にエンパシーがまったく欠けている経済というのはどういうものかと想像してみるのは有意義だ。想像するまでもなく、それは新型コロナウィルス感染でロックダウンされた英国のいたるところで目にすることができるからだ。

まず、全国津々浦々の町のスーパーマーケットの光景である。

まだ国内における感染拡大が深刻化する前、英国の感染者数が一桁で、もっぱら人々がニュース番組で日本からのクルーズ船の報道を見て「アジアは大変だね」とか言っていた頃から、スーパーマーケットの棚から消え始めていたものがあった。手と指を殺菌洗浄するためのハンド・サニタイザーだ。そのことをメディアが伝え始めると余計に買い占めに拍車がかかり、専門家がテレビのニュース番組などで、「ふつうの石けんで頻繁に洗えばそれでいいのです。除菌ジェルである必要はありません」と呼び掛けたが、スーパーからも薬局からも売り切れ、製造が追いつかない状態になった。

それから1、2週間遅れる形で、今度はトイレットペーパーが売り切れ始めた。イタリアでの感染拡大が報道されるようになると食料（特に保存食）のパニック買いもそれに続いた。この一般家庭における買い溜めは、まさに他者や社会全体への想像力が欠けるとどうなるかということを示している。例えば、ハンド・サニタイザーは、いちいちすすぐ必要がなく、瞬時に手の殺菌を行うことができることから、医療現場や保育現場などにこそ必要なものだ（これはわたしもよく知っているが、子どもたちから目を離せないとき、洗面台のある部屋に勝手に行くと室内の保育士の数が法定配置基準を割ってしまうのでその場から動けない場合などに、例えば鼻水を垂らしている幼児の顔をティッシュで拭いたとしてもその場で手の殺菌ができるから便利だ）。一般家庭で自主隔離している人々は、いつでも好きなときに洗面台のある場所に行って手が洗えるのだから、そんなものは無くても困らない。看護、保育、介護などのトリッキーな状況に直面することの多い現場で働いている人々の日常を想像できれば、いや本当にこれが必要な人たちは他にいるよねとわかるはずなのだ。

そもそも、大前提として、ハンド・サニタイザーにしてもトイレットペーパーにしても、心からウィルスが怖くて爆発的感染を食い止めたいと思うのであれば、大量に買って自分の家の戸棚の中に眠らせておくより、世間の人々に使用してもらったほうがいい。買い溜めで流通をブロックすれば、世の中に手やお尻が不潔な人を増やすことになって、公衆衛生を劣化させ、いよいよ感染症が蔓延《まんえん》する環境を作ってしまう。「非常時だから、自分の身がかわいくなるのは人間だからしかたない」と言う人々もいるが、自分の身がかわいくなって行動することによってさらに自分の身を危険に晒しているのだったら、それは単にサバイバル法を勘違いしているということなので、「しかたがない」と見捨てるわけにはいかないだろう。

食料品の買い占めにしてもそうだ。自主隔離やロックダウンについて報道されるようになった頃から、人々が買い求めたのは長期保存のきく食品だった。常温で長期保存できるロングライフ牛乳や缶詰、パスタなどの類である。で、平素からこういう食品ばかりを購入して人々に提供している場所がある。フードバンクである。貧困層の人々は、部屋に冷蔵庫がない環境で生活していたり、電気を止められていたりする切羽詰まった状況であることが多いし、フードバンクにしても巨大な冷蔵庫などない場合が多いので、衛生と安全のために長期保存可能な食品が主力提供品になっているのだ。ところが一般の人々がパニック買いでこれらを買い占めるようになったため、フードバンクが食料の確保をできなくなっている。人々は、自分が将来食べられなくなることを心配して、いま食べることができない人々の食料を奪っているのだ。

これにしても「思いやりがない」だけでなく、「サバイバル法の勘違い」を示す典型的な例と言える。貧困層の人々を食事もできないようにして体力を弱らせ、感染症にかかりやすい状態にしてしまう危険性を考慮していないからだ。WHOは低所得者のほうが高所得者よりもかかりやすい疾病を「Diseases of poverty（貧困の病気）」と呼んでいる。そして低所得の国々（発展途上国）の感染症で亡くなる人々の割合は高所得の国々に比べて圧倒的に多いと報告書で発表している。その理由として挙げられるのは「栄養不良」や「劣悪な住宅環境」、「貧困の連鎖」などだが、同じ国内に住む人々の間でもこれだけ格差が拡大している現在、「貧困の病気」の原因はそのまま先進国の貧困層にも当てはまる。ならば、感染症の爆発的拡大を防ぐことが目標である場合には、低所得層から食料を取り上げるのではなく、むしろその層をこそ重点的に支援していくべきなのだ。

こう考えてみると、パニック買いは非常に利己的な行いのように思えるが、実はまったく自分のためになっていない。なぜなら、それはコミュニティ全体のためになっていないからだ。感染症のようなコミュニティ全体が改善されないと蔓延する病気では、自らのミクロな行動がマクロにどういう影響を与えるのかという想像力を持って行動しないと、最終的にはミクロな不幸（感染症にかかって重篤化するなど）がダイレクトに自分の身に降りかかる。

他者の靴を履き、自分以外の人々のことも慮って行動したほうが、結果的には自らのためにもなる。つまり、「利他的であることは利己的であること」というパラドキシカルなリンクがここでも浮かび上がってくる。

「他人への思いやりを持ちなさい」とか「弱者を助けなさい」とか言うと、平時にはロマンティストだとかヒューマニズムでは世界は救えないとかいう話になりがちだが、実は人間は利他的になったほうが自分を利する。少なくとも、世の中というものはそういう風にできていて、生物はその法則によって生き延びてきたのですよ、と言った人が、かのクロポトキンである。彼の相互扶助論は、地べたの助け合いネットワークやミクロな地域単位での社会活動に関連づけて語られることが多いが、今回のコロナ禍を見ていると、経済にもスライドできることに気づかされる。

ハンド・サニタイザーやトイレットペーパーを買い占めて戸棚に大量にしまい込んで市場での流通量を減らす行為は、いまは使わない金銭を大量に銀行口座に貯め込んで経済を停滞させる行為とそっくりだからだ。自分のためにと思って人々が貯め込むお金が増えれば増えるほど経済活動が縮小して景気が停滞し、どんどん人々が手にするお金の量が減ってコミュニティ全体が貧乏になる。この悪循環は、デフレ経済が何十年も続いている日本が、世界に向かって体現して見せている（現に、長期にわたる経済停滞とデフレを表現する言葉として「Japanification」という英単語すら使われている）。

これなども将来自分の身に何かあったときのためにと利己的なことをやっているつもりなのに、実は自らデフレ不況を招いて自らの収入を減らしているという、まったく己を利さない結果に終わっているのである。「お金を使う（＝消費する）」ということは、やれ資本主義の奴隷だの、消費社会に毒されているだのと言われてしまうが、その実、とても利他的なことでもあるのだ。なんとなれば、お金を手放すことによって他者にお金を回しているのだから。そして回さないものは、自分のもとへも回ってこない。

What goes around comes around.

この諺《ことわざ》は、日本語では「因果応報」と訳されることが多いが、出したものは必ず返って来るという意味でもある。「カネは天下の回りもの」という日本語の諺は、実はけっこうクロポトキンなのだ。

バラモン左翼に「エンパシー的正確さ」はあるか

新型コロナウィルス感染拡大が収束するときが来れば、世界にとって真の禍《わざわい》になることが確実なのは経済のほうだ。

ロックダウンで政府主導の需要縮小やサプライチェーンの分断が行われ、人や物の移動も滞る中、各分野での経済的影響は甚大であり、米国では失業保険の申請が３週間で１６００万件を超え（２０２０年4月９日、米労働省発表）、世界恐慌は免れないとの声もある。こうなってくると、どの国の政府も、まず人々の生活を保障して不安を取り除き、経済が最悪の状態になることを防がなくてはならない。だから、各国は続々と大規模財政支出を約束する発表をしている。

英国は企業規模・営利非営利等問わず全事業者に対し、休業を余儀なくされる従業員の給与の80％を、一人当たり月２５００ポンド（約38万円）を上限に政府が肩代わりすると発表した。ＥＵの緊縮財政の方針を率先していたドイツですら、7年ぶりに新規国債発行を解禁して中小企業支援のための補正予算を組み、「とにかく国の借金を返すのです！」という財政健全化ファースト路線から方向を転換した。欧州中央銀行やイングランド銀行も量的緩和の拡大や緊急利下げを発表している。

わたしは「反緊縮派」と呼ばれる欧州の政治勢力の動きを「Yahoo!ニュース個人」とい

うサイトで２０１４年から２０１７年まで伝えたことがあり（ギリシャのシリザ、英国労働党のコービン派、スペインのポデモスなど）、２０１８年には経済学者の松尾匡《ただす》先生と社会学者の北田暁大《あきひろ》先生との鼎談本『そろそろ左派は〈経済〉を語ろう』で日本にも反緊縮の左派勢力が必要なのだと訴えたことがある。

反緊縮派の主張というのは、各国政府は緊縮財政（財政健全化を優先して財政支出を削ったり増税をしたりすること）で一般庶民の生活を貧しくせずに、ばーんと財政支出を拡大して貧困層を救い、中間層の不安を払拭しないと、欧州各地に現れている極右政党をさらに台頭させることになってしまうというものだ。

皮肉にも新型コロナウィルス感染拡大で、これまで反緊縮派が声を荒らげて闘ってきたことが認められつつある。「財政再建より人々の生活」と言えば「アホ」と罵《ののし》られ、「国債発行は悪事ではない」と書けば「サタン」と蔑《さげす》まれてきたのに、コロナ禍中の世界は、「アホ」と「サタン」の経済政策に転換しようとしている（これを書いている時点では日本ではどうなのかよくわからないが）。

解せないのは、これまでさんざん健全な財政こそが国の経済の安定の基盤と言っていたメルケルのような政治家たちが、なぜ恐慌の危機を前にして、財政健全化に背を向けようとしているのかということだ。本当に財政赤字を減らさないと国の経済がえらいことになると思っていたのなら、その路線に背を向けたらよけい経済が混乱して大変なことになると考えるのがふつうではないか。

いや今回は例外的な危機であるから、長期的な経済の安定は無視し、大規模な財政支出でカネをばらまいて末端の人々や中小企業を救うときなのだ、と考えての方向転換なのだという見方もある。しかし、そうだとしたら、政治指導者たちはこれまで庶民や中小企業は経済的に困っておらず、救う必要はなかったと考えていたことになる。これはわたし自身、以前から気づいていたことではあるが、反緊縮の主張に懐疑的な人々は、「いや、いまは不景気じゃないからそんな政策は必要ないですよね」と言うことが多かった。こういう言葉を聞くたび、１９０２年のロンドンの貧民街のルポ、『どん底の人びと　ロンドン１９０２』（行方昭夫訳、岩波文庫）でも、ジャック・ロンドンが凄まじい貧困を目にしたにもかかわらず、「私が調査の対象としたこの時期は、イギリスではむしろ『好景気』だと一般に考えられていた」と書いていたのを思い出した。格差が広がった社会では、裕福な層の人たちは「好況」と感じていても、中間層や貧しい層にとっての世の中は「不況」なのである。

『21世紀の資本』（山形浩生他訳、みすず書房）で有名なトマ・ピケティは、いまや左派はインテリ・エリートの集まりで、右派はビジネス・エリートの集まりになっていると指摘し、インドのカースト制度では、上級カーストは僧侶と知識人（バラモン）、そして軍人と商人（クシャトリア／ヴァイシャ）に分かれているように、現代の欧州や米国の左派／右派の構図もこれに似ていると主張した。つまり、左派も右派もエリートになってしまっていて、庶民の生活の実態や市井の人々の感覚がわからなくなってしまっているというのだ。新型コロナウィルス感染拡大で経済規模が大幅にシュリンクし、全体的（つまり所得が高い人々まで）に影響が出てくるとわかれば、この状況を打破するためには反緊縮的な政策が必要だと左派も右派も一致して理解できる。だとすれば、これまでは現代のバラモンもクシャトリアもヴァイシャも、みんな打破すべき状況は存在しないと思っていたことになる。

他者への想像力のなさというのはまさにこれではないか。バラモン左翼でもクシャトリア右翼でもいいのである。彼らが他者のことを正確に想像できる能力（心理学の分野でコグニティヴ・エンパシーを指すときの「empathic accuracy（エンパシー的な正確さ）」）さえ持っていれば、餓死者が出ていることや子どもの貧困率が上がっているのは「なんでかな？」と立ち止まって他者の状況を想像できるのであり、「いまは不景気じゃない」というのはごく狭い視野での見解であったと気づくだろう。局地的には景気はいいように感じられるが、それ以外は不景気、と言うべきだったのだ。

ブルシット・ジョブとケア階級

今回のコロナ禍で、欧州の首脳たちが何よりも恐れているのは「医療崩壊」である。EU諸国は、2008年のリーマン・ショック以後、財政の安定を図るために緊縮財政を行うことを義務付けられ、厳しい財政規律を課せられて、公的支出を削減してきた。そのため、医療への財政支出もカットされ、インフラは縮小・老朽化し、病院は人員ギリギリで回っていて、コロナ以前からあからさまな窮状に陥っている国がいくつもあった。コロナ感染が爆発的に拡大したイタリアでは、2000年時点で世界第二位（WHOの調査）だった医療水準が、世界金融危機の後でEUの財政規律に従って医療費の大幅削減を行ったため、効率化のお題目のもとに病院の統廃合が進み、慢性的なベッド不足と医師不足になっていた。

そこに今回の新型コロナウィルス感染だ。政府が事実上の外出禁止令を出し市民の自由を奪うことが、「病院を守れ。命を守れ」というスローガンで正当化されているが、そもそも、もっと早くに各国政府やEUが病院を守ることの重要性に気づいていれば、ここまで医療制度を脆弱化させることはなかった。新型コロナウィルスは医療崩壊の理由として体よく使われているが、問題はそのはるか前から存在したのであり、緊縮財政ですでに機能不全になっていた。

それなのに、財政支出削減のために賃金凍結や人員カットで医療関係者を痛めつけてきた政府が、いったいどの口で言っているのかと思うほど医師や看護師をヒーローとして賞賛している。

彼らだけではない。いま社会の屋台骨として急にクローズアップされてエールを送られているのは、医療関係者を含む「キー・ワーカー」と呼ばれる職業の人々だが、そのほとんどがこれまで低賃金で働いてきた人たちだ。教員、警察官、消防士、ソーシャルワーカーなどの公共セクター職員に加え、保育士、介護士、スーパーマーケットの店員なども「キー・ワーカー」の枠に入れられている。英国の学校はいちおう閉鎖ということになっている（2020年5月現在）が、これらの職業の両親を持つ子どもたちだけは例外で、毎日学校に通っている。

この状況になって気づくのは、真に社会に必要なサービスを提供しているのは誰かということだ。デヴィッド・グレーバーは、無くなっても世の中の誰も困らない仕事のことを「ブルシット・ジョブ」と呼んだ（『ブルシット・ジョブ　クソどうでもいい仕事の理論』酒井隆史他訳、岩波書店）。「ブルシット」とは直訳すれば「牛糞」になるが、「たわ言、でたらめ」または「無価値なもの」と英辞郎のサイトでは訳されている。ケンブリッジ英英辞書のサイトでは「まったくのナンセンス、真実ではないこと」と定義されており、「ブルシット」を動詞として使うときの定義は「真実ではないことを言って誰かを説得しようとしたり、自分を称賛させようとすること」となっている。

つまり、グレーバーの言う「ブルシット・ジョブ」とは、「どうでもいいことをして何かをやっていると人々を説得しようとしているナンセンスな仕事」ということであり、彼の説では受付、秘書から人事、管理職、広報までオフィスで働くほとんどの人がこれにあたる。企業弁護士、ロビイスト、CEO、PRリサーチャー等々、会議だのプレゼン資料づくりだのに明け暮れているホワイトワーカーは、無くてもいい無駄な仕事を延々と作り出し、自分たちが働くための仕事を製造する目的で働き続けている無意味な集団だと彼は言う。

だから「ブルシット・ジョブ」従事者たちが自宅勤務に切り替えたり自主隔離しても社会は直接的には困らなかった。が、キー・ワーカーたちは違う。ウィルス感染の危機に晒されながら淡々と患者の世話を続ける看護師、自主隔離する同僚が出て来て人員がギリギリになってもキー・ワーカーたちの子どもを笑顔で迎える保育士など、どういう仕事が「ブルシット・ジョブ」ではないのかということをコロナ危機はあからさまに炙《あぶ》り出した。

グレーバーは、こうした仕事をする人々を「ケア階級（Caring Classes）」と呼ぶ。彼によれば、それは主に医療や介護、教育などの分野で働いている人々で、他者（患者、お年寄り、子どもなど）を直接的にケアする仕事についている人々だ。２０１９年12月、英国の総選挙で労働党が大敗した後にグレーバーは「From Managerial Feudalism to the Revolt of the Caring Classes（管理職封建制からケア階級の反乱へ）」という講演を行った。その中で、彼は過去30年のあいだに勤労者が増えた分野は二つあるということを示すデータを見せた。一つ目は事務・管理・監督、そして二つ目がケア（ここでグレーバーが定義するケア職は教育、医療を含む）である。他方で製造業の従事者は減少し、小売、飲食業の従事者の数は横ばいである。事務・管理・監督はグレーバーの言うところの「ブルシット・ジョブ」をしている人々であり、ケア職の人々は実際に社会の人の役に立つ仕事をしているが、ブルシット系の仕事のほうが報酬が高い。

金融危機以降、人々はなぜか教員などの社会に奉仕する職種の人々をバッシングするようになり、「子どもに教えているだけなのにお金を貰いすぎ」などと言うようになった。これは自分の仕事が実はまったく無意味で、あってもなくても誰も困らないことを知っているがゆえに、意味のある仕事をしている人がいるとムカつきを感じるからではないかとグレーバーは言う。自分のやっていることが不必要と知りながら、上司の目を気にして早く帰れないから何かをしているふりをするなどして毎日無為に時間を過ごすことは、人間の生活をどれほどミゼラブルにするだろうと彼は説く。だから、「意味と価値のある仕事をやっている人は、金銭的報酬までいらないだろう」という倒錯した考え方になっているのではないかとグレーバーは言う。

彼はまた、英国総選挙の結果を踏まえ（グレーバーはコービン党首の労働党推しだった）、これまでの左派政党（英国のブレア元首相、米国のクリントン元大統領、オバマ元大統領に代表される）は、過去30年間に勤労者が増えた分野の一つ「事務・管理（つまり、ブルシット・ジョブ）」を代表する声になっていたのであり、もう一つの分野をないがしろにしてきたと主張する。

そしてコロナ感染拡大で欧州が揺れに揺れているいま、真に社会を回している人々として喝采を浴びている「キー・ワーカー」とは、要するに「ケア階級」の人々である。この事実には、グレーバーでなくとも歴史の潮目を感じずにはいられないだろう。

前述のグレーバーの講演で感動的だったのは、彼は「ケア」と「自由」は繋がっていると明言している点だ。その理由として、彼は刑務所を例に挙げる。刑務所は囚人たちに食事を与え、衣服を与えて病気になれば治療を施す。しかし、刑務所が囚人にすることは「ケア」とは呼ばれない。他方で、親が子どもにすること（食事を与え、衣服を与え、病気になれば治療する）は「ケア」と呼ばれる。なぜだろう。

それは、親が子どもの世話をするのは、子どもが遊べるようにするためだからだとグレーバーは言う。遊びというのは究極の自由であり、人は誰かを自由にするためにケアするのだと論を進める。看護師が患者のケアをするのは病を治して患者が自由に動けるようにするためだ。介護士がお年寄りを抱えて車椅子に乗せるのは、寝たきりのお年寄りがベッドから解き放たれて自由に外出できるようにするため。教員が子どもたちに様々な知識を与えるのは、彼らが成長し学校を出て自由に生きていくためなのだ。

ということは互いをケアし合い生きていく人々の世界は、人々が互いを自由にする世界ともいえる。それは「ブルシット・ジョブ」の封建制よりずっと楽しそうだし、少なくとも、このヴィジョンのほうが「エンパシー・エコノミー」という言葉にはふさわしい。

グレーバーといえば、『負債論　貨幣と暴力の5000年』（酒井隆史監訳、以文社）の著者としても有名である。同書を書いたきっかけについて、彼は「Debt: The First 5,000 Years ─ David Graeber ─ Talks at Google」という動画の中で、こんな風に語っている。

ウエストミンスター寺院のガーデン・パーティーに招かれたとき、グレーバーは司祭にある女性を紹介されたという。地域社会で様々な活動に関わっているアクティヴィストの弁護士で、司祭は「アナキスト」のグレーバーと気が合うだろうと思っていたらしい。

二人はそれぞれの活動について語り、グレーバーは自分が関わっていたIMFの構造調整政策に関するグローバル・ジャスティス運動について話し始めた。グレーバーはマダガスカルに2年滞在したことがあり、IMFが債務返済期限の延長を条件に、マダガスカルに緊縮財政を強いたため、現地では様々な予算の削減が行われていた。その一つが高原地帯でマラリアを撲滅するために行われていた支援プログラムの撤退で、そのために1万人近くの人々が命を落とした。少なくともそのうち5千人は子どもだったという。この話をアクティヴィストの弁護士に話していると、彼女は同情的に耳を傾けていたが、

「それで、運動家として、あなたはそれをどうするつもりだったの？」

とグレーバーに聞いて来たと彼は動画の中で語っている。

「僕たちは、『借金を帳消しにしろ』運動をやっているんだ。『ジュビリー２０００〔著者注：ジュビリーはユダヤ史のヨベルの年。この旧約聖書に出てくる50年に一度の聖なる年に奴隷は解放され、借金は帳消しになる〕』というキャンペーンなんだ」

と彼は答え、南の発展途上国の債務は免除されるべきだと彼女に言った。が、それに対する彼女の反応はこうだった。

「でも、彼らはお金を借りたのよね。だったら人々は借金を返さなくちゃいけない」

その言い方のあまりに常識的で疑いようもない感じにグレーバーは衝撃を受けたという。グレーバーだって運動家としてはこういうときに返す言葉は幾つか考えてあった。独裁者が債務返済のための財源をネコババしたので返せなくなったとか、20回も繰り返し返済をしているうちに信じられない額の利子がついたとか。しかしグレーバーがそんな言葉も出ないぐらいびっくりしたのは、とても良い人に見えるそのアクティヴィストで弁護士の女性が、何千人の赤ん坊が命を落とすことを債務のためならしょうがないと自分の中で正当化していたからだ。数千人の赤ん坊が死ぬこともやむなしと人間に思わせるような理由が、いったい他にあるだろうか？　たぶん、ない。つまり、負債という概念は、それが理由でなければ自分が容認することなど想像もできないと思うような非道なことでも、その人の心の中で正当化させてしまう力を持っているのだ。

そう思ったグレーバーは、負債とはいったい何なのかと考え始め、その起源や歴史を丹念に調べて『負債論』を書いた。アナキストを自称する人や、アナキズムを研究している人たちは、よく「借金を帳消しにしろ」とか「借金を踏み倒せ」とかいう挑発的なスローガンを掲げるので、あまり事情を知らない人には「またあの人たちはいい加減なことを言って……」と思われがちだ。しかしながら、実はそのバックボーンにはここでグレーバーが言っているような考え方がある。

そしてこの考え方は、コロナ感染拡大で欧州の政治的指導者たちが経済政策の転換を余儀なくされている現在にこそ、思い出される必要がある。

なぜなら、世界的なコロナ禍でさえ、政治指導者たちを債務返済道徳の呪いから解き放つことはないだろうと考えている識者もいるからだ。元ギリシャ財務大臣で『父が娘に語る美しく、深く、壮大で、とんでもなくわかりやすい経済の話。』（関美和訳、ダイヤモンド社）や『黒い匣《はこ》』（朴勝俊他訳、明石書店）の著者、ヤニス・ヴァルファキスは、欧州の指導者たちの財政支出の約束について、「人目を引く数字を誇らしげに喧伝するだけに終わるのではないか」と日本のダイヤモンド・オンライン（2020年3月25日）に書いている。

ヴァルファキスは、ドイツのコロナ支援措置の金額についても、「『バズーカ』と伝えているが、詳細に見ていけば、たかだか『水鉄砲』程度」と手厳しい。「ドイツより深刻な経済不振に悩む各国（例えばイタリアやギリシャ）の財務大臣は、当然ながら、必要な財政拡大を推進しようと試みるだろう。だが彼らの努力は、ドイツ財務相と、ユーログループ内の彼の忠実な支持者による頑迷な反対に直面する」という不気味な予言までしている。
第二の世界恐慌が起こるかもしれない状況でさえ、ＥＵは財政再建主義を捨てられないだろうというヴァルファキスの予言には、ギリシャの財務大臣として債務問題でＥＵとの交渉にあたったときのトラウマが滲んでいるようにも思える。が、政治指導者たちは最終的には債務返済道徳から逃れられないためにコロナ禍で貧窮する庶民を救えず、さらに支持を伸ばすのは極右勢力だろうという彼の予想は、欧州在住者にはある種の説得力を持って迫ってくる。

他方で、新型コロナウィルス感染拡大で立ち上がった地域の相互扶助の姿は頼もしい。わたしの近所でも、英国でロックダウンが発表になる前から、自主隔離する人たちの食料の買い出しを行うグループが組織されたり、一人暮らしや夫婦だけで生活している老人たちに定期的に電話を入れて雑談するグループができた。地域の各家庭の郵便受けに手作りのチラシを入れて協力を募り、相当数の人々がそれに応えてあっという間に草の根のボランティア組織ができた。これは英国の（そしておそらく欧州の至るところで見られる）庶民の底力だと思う。これこそクロポトキンのスピリットであり、エンパシーある社会の姿であり、下側からのパワーである。これだけを見てもアナキズム（self-governedの精神）とエンパシーが繋がっているのは明らかだ。

しかし、今回のような経済の大収縮にあっては、下側の助け合いだけではこと足りない。平時のように「下側からの運動こそが本物」とか「いや上からのロビイングが現実的には有効」とか言って、運動家どうしがトムとジェリーのようにいつまでも仲良く喧嘩している場合ではないのだ。上からも、下からも、両方から行けばいいのだ。どちらかでなければいけない、という思い込みこそが有害な足枷《あしかせ》になる。それは人間が軽やかに動くことをできなくする重くて古い靴に似ている。

グレーバーは、いまこそ人類にはジュビリーが必要なのだと言っている。ジュビリーとはつまり、奴隷の解放と借金の帳消しだ。

奴隷には、ケア労働者たちのように、人の生命を預かる仕事（介護士だって、保育士だってそうだ。一歩間違えたら他者を死なせてしまう）をしているのに「シット（クソのような）」賃金しか貰えず、割の合わない責任と労働を負わされている人々もいる。一方では、自分の業務は無意味だ（ときには有害でさえある）と知りながら長い時間を拘束されて精神的に傷を負いながら生きているブルシット・ワーカーたちもいる。どちらも、学生ローンの支払いだ、税金の支払いだと常に支払いの義務に追われて、そのうえ国の借金まであなたたちが背負っているとか言われ、悪い時代に生まれたと諦め、奴隷のようにただただ負債を返すために働き続け……、って、これは要するに、借金のかたに人生を取られているのである。

人生を取られている人だらけになると、社会はゾンビの国のようになる。そりゃ元気もなくなるだろうし、政治が腐敗しようと、地球の終わりが近づこうと、知ったことではないだろう。債務の返済でそれどころではないからだ。

これは為政者にすれば物凄く都合のいい状況だ。人々は忙しすぎてゾンビみたいになっているから、どんなへまをやろうと、どんな悪事を働こうとスルーされる。「財政規律が……」と言っておけば、増税だろうが公共サービスの低下だろうが「しょうがない」と耐えて黙って働いてくれる。「いや、そもそもその財政破綻の危機って本当なんですか？」という疑問すら人々は抱かない。上からの債務返済の言いつけを疑ったり、履行しなくなるのはたいへん不道徳なことであり、もはや人間ではなくなると言われているからだ。すでに人ではないゾンビにされてしまっていることにも気づかずに。

欧州や米国の反緊縮運動は、常にこの「財政規律が……」との闘いを繰り広げて来た。近年では、例えば日本のように国の借金が円建てで、自国で通貨を発行している場合、最終的には自分でお金を刷って返せばいいのだから、財政破綻するわけがないという見方がようやく広がってきた。そもそも、「日・米など先進国の自国通貨建て国債のデフォルトは考えられない」と財務省のサイトにあがっている公文書にすら明記してあるファクトなのだから（財務省公式サイト「外国格付け会社宛意見書要旨」）。

払わなくてもいい借金のかたに人生を取られているとすれば、それはいったい誰のため、何のためなのか。いつまでも騙されていないで、債務奴隷の呪いから解放されるときがきている。そしてコロナで職を奪われ、収入が落ち、助けを必要としている人々のためにあり得ないほどの財政を投入しろと為政者に要求すべきだ。

すべての人々がブルシットな借金のかたに取られた人生を取り戻すときが来たのである。

第４章　彼女にはエンパシーがなかった

サッチャーを再考する

「She was sympathetic, but not empathetic（彼女は、シンパシーのある人だったが、エンパシーのある人ではなかった）」

あるドキュメンタリーを見ていたら、まるでこの本の核心をつくような言葉が出て来てびっくりした。

「彼女」とは、元英国首相の故マーガレット・サッチャーのことである。ＢＢＣの『Thatcher: A Very British Revolution　Series 1: 2 Power』中で、サッチャーの私設秘書を務めたことのあるティム・ランケスターがそう証言していたのだ。

サッチャーは「鉄の女」と呼ばれたが、実は官邸のお抱え運転手や自分の身の回りで働く人々にはとても優しく、思いやりのある人物だったらしい。

「官邸では、中だけでなく周辺の人々も合わせれば100人近くが働いていた。もしそのうちの誰かが、深刻な家族の問題を抱えていたりすれば、例えば近親者が亡くなったとか、子どもが重度の病気にかかったとかそういうことがあると、我々は彼女にそれを告げる前によく考えなければならなかった。もしそれを彼女に告げたら、彼女はいまやっていることが何であろうとそれを停止し、彼らは大丈夫なのか、彼らに必要な人々と連絡を取ったか、官邸としてできる限りの支援をしているのかと我々を質問攻めにするからだ。それは正真正銘のリアルなリアクションで、ふりをしているわけではなかった。彼女はそういう人だった」

サッチャーの別の元私設秘書、ニック・サンダーズがそう言えば、彼女の警護官だったバリー・ストレヴンズも、

「彼女は僕にとって母親のような存在だった。いつも僕の家族などについて尋ねてくれた。彼女は常に僕や、任務にあたっていた担当者には誰にでも、警備員たちに必ずきちんと食事させ、運転手たちの世話を忘れないようにと言っていた」

と話す。

これに対し、1981年から1988年まで存在したSDP（社会民主党）の創設者デヴィッド・オーウェンは、彼女が周囲の人々に優しかったのは、官邸で働いていたスタッフは各人がそれぞれの分野で成功をおさめた人々だったからだと言う。運転手であれ、秘書であれ、彼らはみな官邸で働くために選ばれた優秀な人々だったのだ。オーウェンはこう分析す

る。

「彼らはみな成功者だ。だから、彼らが問題を抱えているときは、彼女には理解することができた。病気にしろ、他の問題にしても。それらは彼女の理解の範囲内だった。彼女の性格的な弱点、そして彼女の首相としての弱点は、様々な段階で助けを必要とする人々が、おそらく人口の10％から20％は存在するということを、けっして本当には理解しなかったことだ。人口の中に含まれている多くの人々に、彼女は目を向けず、耳を閉ざした」

サッチャーが登場したとき、圧倒的に男性ばかりの当時の政界で、女性であるということはいま以上に大きなハンディとなった。しかし、実は彼女にはもう一つのハンディがあった。貴族議員も多く、エスタブリッシュメント層が集まる政党だった保守党にあって、庶民の出身だったからだ。

サッチャーの父親はリンカンシャー州グランサムで雑貨・食料店を営み、地元の名士になって市長を務めた人だった。典型的な「成功をおさめた庶民」である。１９７１年に『A Chance to Meet』（ＢＢＣ）というトーク番組にサッチャー（当時は教育科学相）が出演したとき、彼女の生い立ちはこう紹介されていた。

「彼女の両親は裕福でも、高学歴でもありませんでした」

『Thatcher: A Very British Revolution　Series 1: 1 Making Margaret』中で使われた別のイ

ンタビュー映像では、サッチャー本人が父親についてこう話している。

「わたしの父は、高等教育に進むための資質を持った人だったと思います。でも、彼はそうできなかった。だから、自分が得られなかったチャンスをどんなことをしてもわたしには与えようとしました」

「わたしのような出自と生い立ちを持つ人間は、自分の力で成功するしかないのです」

所謂《いわゆる》「叩き上げ」「苦労人」という言葉が浮かぶ。名門私立校ではなく、公立進学校からオックスフォード大学に行ったという点でもサッチャーは保守党の中で異彩を放っていた。性別においても、出自においても、彼女はエリート政党のアウトサイダーだったのだ。

それなのに、その庶民の出身であるサッチャーは、なぜか庶民に対してエスタブリッシュメント以上に冷酷になることができた。その最初の片鱗を彼女が見せたのは、教育科学相時代に学校で無償提供されていた牛乳を7歳以上の児童には提供停止にしたときだった。これは、財政支出削減の一環として行われた政策だったが、女性の大臣が子どもたちから牛乳を取り上げると決めたことへの市井の人々の衝撃と怒りは大きく、「マーガレット・サッチャー、ミルク・スナッチャー（マーガレット・サッチャーはミルク泥棒）」という（見事に韻を踏んだ）流行語すら生まれた。タブロイド紙には「英国で最も嫌われている女性」という見出しが躍り、当時のエドワード・ヒース首相は彼女を教育科学相から退任させることすら考えていた。だが、そうできなかったのは、彼女がたった一人の女性大臣だったからだ。労働党周辺でフェミニズムの運動が盛り上がっているときに、保守党内閣に女性大臣が存在することは政治的に重要だった。

前述のドキュメンタリーには、この騒ぎの最中にテレビの討論番組にサッチャーが出演したときの映像が出てくる。客席にいた女性の聴衆の一人に、子どもたちから牛乳を取り上げる政策を批判されたサッチャーは、落ち着き払った顔でこう答えていた。

「幸運なことに、多くの人々、きわめてふつうの多くの親たちが、給食費を払うことができますし、牛乳代を払うこともできます」

街の雑貨・食料店の娘として生まれ、公立校に通ったサッチャーは、庶民の暮らしは豊かでないことも、子どもの貧困も実際に見て知っていたはずだ。それなのに、そのサッチャーが、所謂お坊ちゃん育ちの保守党の男性議員ですらできなかった政策を断行できたのは、なぜだろう。

自助の美しさを信じる頑迷さ

わたしが急にサッチャーのドキュメンタリーを見たりし始めたのは、日本の首相が「自助、共助、公助」という政治理念を掲げていると聞いたからだ。

なんでまたマーガレット・サッチャーみたいな理念がいまごろ出てきちゃったかな、と思っていたら、日本の首相は英国出身の著者の本を読んで大きな影響を受けたと聞いた。デービッド・アトキンソンという その著者が執筆した『1人あたり』は最低な日本経済の悲しい現実　日本の生産性は、先進国でいちばん低い」（東洋経済オンライン、2016年12月9日）という記事にこんな記述がある。

1979年、私がまだ中学生だった頃、サッチャー首相がテレビのインタビューでこのような内容のことを語りました。

「みんながなにも反発せずに、しかたがないと言いながら、この国が衰退していくのを見るのは悔しい！　産業革命、民主主義、帝国時代などで輝いたこの国が世界からバカにされるのは悔しい！」

当時、戦争が終わってから、イギリスは経済のさまざまな分野でイタリア、フランス、ドイツや日本に大きく抜かれました。イギリスには過去の栄光以外になにもない、あとは沈んでいくだけだ、などと厳しい意見も聞かれ、世界からは「イギリス病」などと呼ばれ、衰退していく国家の見本のように語られていました。

あの時代、まさか今のイギリスのように「欧州第2位」の経済に復活できるとは、ほとんどのイギリス人をはじめ、世界の誰も思っていませんでした。それほどサッチャー首相が断行した改革はすごかったのです。

これは、別にイギリス人のお国自慢ではありません。かつて「イギリス病」と言われ、世界から「衰退していく先進国」の代表だと思われたイギリスでも、「やらなくてはいけないことをやる」という改革を断行したことで、よみがえることができたという歴史的事実を知っていただきたいのです。

21世紀のいま、こんな風に英雄譚を語るようにしてサッチャーについて話す英国人は、少なくともわたしの周囲にはいない。

「ペニーは天国から降って来ません。地上で働いて稼ぐのです」

そう言ったことのあるサッチャーは、「イギリス病」と呼ばれていた時代に登場した。英国の当時の悲惨な状況は、実は厳しい緊縮財政と関係していた（なぜかこの点はあまり日本では語られていない）。70年代の英国では財政赤字が膨らみ、１９７６年に（近年のギリシャのように）ＩＭＦから救済を受けることになったが、（やはりギリシャのように）緊縮財政で財政支出を大幅削減することを条件として融資を受けたため、労働者階級の暮らしは苦しくなって行った。不況が進み、閉塞感が深まる中で、都会では未来に希望を感じられない若者たちがパンク・ムーヴメントを起こし、地方では労働者たちがストを頻発させた。

そこで、まさに「この国が衰退していくのを見るのは悔しい！」とばかりに首相の座に就いたのがサッチャーで、彼女は経済についてダーウィンの進化論のような考え方を持っていた。緊縮と不況に晒されて廃《すた》れていく産業や企業を救ったところで意味がない。彼らは生産性が低いのだから。潰れる者たちには潰れてもらったほうが、構造改革が自然に進む。ストばかりして労働者が働かなくなった国に必要なのは大胆な産業の転換であり、製造業が崩壊するのは自然淘汰の結果であるというのが彼女の考え方だった。そのために失業者が出るのはしかたがないという発想だったのである。「働け、働け」と言うわりには、完全雇用など要らないと彼女は信じていた。

そんな考え方をしているのだから、サッチャーが首相になると当然のように失業率が上がった。1982年までには10％に達し、特に失業率が高かった若年層を怒りへと駆り立て、国のあちこちで暴動が起きるようになる。

「わたしたちは、政策を軌道修正してはいけない。産業界の効率が上がるまで、英国の繁栄はありません。だからこそわたしは断固とした態度を取り続けなければならないのです」

と言ったサッチャーは、「断固とした態度」こそが成功への鍵であると信じ、製造業を衰退させ、炭鉱を閉鎖した。それだけでなく、同じように「効率が悪い」という理由で国営企業を片っ端から民営化し、組合を敵視した（前述のドキュメンタリーでは、1年の長きにわたった炭鉱労働者たちのストライキをサッチャーは明確に「戦争」と捉えていたという関係者の発言もある）。彼女はとにかく、労働者が連帯して権利とかを求めるのが大嫌いだったのだ。

力のある人は仕事を失っても次の仕事がある。雇用主や政府に文句を言う前に自分の成功は自分の手で摑みなさい。仕事がない人、生活が楽にならない人は努力が足りないのです。黙って歯を食いしばり、寝る間も惜しんで力を尽くせば報われる。わたしがそうしてきたのだから、あなたたちにできないわけがない。これがサッチャーのしばきポリティクスの裏にある信条だった。

サッチャーは、伝統的にプラグマティズムを重んじていた保守党に、強いイデオロギー性を持ち込んだ政治家だったと言われる。一般に彼女はハイエクやフリードマンの信者だったと言われるが、新自由主義に彼女がハマったのも、先に「自助」への信仰があったからだろう。人は人生における自分の来し方を肯定してくれる思想に出会うと、必要以上に「これこそが正しい！」と思いがちだからだ。

彼女の経済ダーウィニズムはあまりに過酷だったので、「これは行き過ぎだ」として保守党内にも反対分子が生まれた。彼らは、財政支出削減をやめ、弱った業界には救済策を講じて庶民に息をつかせないと、保守党政権は短命に終わると信じた。しかし、サッチャーはこうした党内勢力を「ウェット派」（感傷的でうじうじしたやつら）と斬り捨てた。対する彼女の勢力は「ドライ派」である。ドライでリアルで非人間的な経営者や政治家のほうが仕事ができる、というイメージもひょっとすると彼女が定着させたものではないだろうか。

自助と自立の違い

ところで、サッチャーがこれほどまでに信じた自助と、いわゆるアナキストたちが標榜《ひょうぼう》する自立とは、どこがどう違うのだろう。

アナキズムに関心を寄せる人、またその影響を受けて発言をする人たちが、一度は必ず言われたことがあるだろう批判の文言に、

「あいつら、結局はネオリベなんだよ」

というものがある。

「大杉栄と伊藤野枝なんて、たぶん現代社会に生きてたら、スタートアップしてベンチャー企業か何かで大成功してるタイプだと思うよ」

とわたしに言った人もいた。

アナキズムとネオリベラル（新自由主義）が紙一重扱いにされるのは、国家の力を削ぎ、国家が持っているものをできる限り民が運営していきたい（アナキストたちはこれを自治と呼び、ネオリベラルは民営化と呼ぶ）という、経済に対する考え方の方向性が一見すると同じに聞こえるからである。

例えば、ジェームズ・C・スコットは、著書『実践　日々のアナキズム　世界に抗う土着の秩序の作り方』（清水展他訳、岩波書店）の中で、プチ・ブルジョアジーを好意的に弁護し

ている。同著の原題は『Two Cheers for Anarchism（アナキズムへの万歳二唱）』であり、第4章のタイトルは「プチ・ブルジョアジーへの万歳二唱」になっている。などと書くと、「ほーら、やっぱりアナキズムとネオリベは同じじゃないか」と言われそうだ。が、マウントを取りに行くのはまだ早い。ちゃんとスコットの本の中身まで目を通してほしい。『アナキズムへの万歳二唱』という原題は、アナキズムには万歳三唱まではしない（全面的にかぶれてはいない）が二唱まではならできるよ、という意味だが、スコットはプチ・ブルジョアジーにも万歳二唱まではならできると言う。プチ・ブルジョアジーとは、小売店主や小規模自作農、小規模自営の専門職、熟練職人など、資本家階級にも労働者階級にも属さない、スコットによれば「どっちつかずで得体のしれない存在」のことだ。スコットは、プチ・ブルジョアジーを擁護したくなった理由について、こう書いている。

第一に、そして最も重要なのは、より大規模で公的・私的な官僚的〔硬直化した〕制度によってますます統治されるようになっている国家システムのなかにあって、プチ・ブルジョアジーとその小さな財産は、おおよそ自治と自由の貴重な領域の代表的なものだと私が信じているからである。自治と自由は、相互性とともに、アナキストの感性の中核にある。

プチ・ブルジョアジーがマルクス主義者に軽蔑されてきたのは、マルキシズムにおける所謂「友vs敵」の構図からこぼれ落ちてしまう存在だったからだとも言える。マルキシズムでは、資本主義により「搾取される労働者」としてプロレタリアートが生まれたのだから、搾取と戦い、自らを解放することで資本主義を乗り越えることができる存在はプロレタリアートだけだ。その一方で、実は資本主義者たちもまた、封建主義を乗り越えて近代産業による莫大な生産力を可能にするという役割を果たした。が、「封建主義者vs資本主義者」、「プロレタリアートvsブルジョアジー」のカッチリした闘争の構図の中で、プチ・ブルジョアジーはどっちにも属さないというか、どっちにも属すというか、はっきりしない。文字通り、「小規模な資本家」なのだから、一発あてて自分も大規模ブルジョアジーになりたいと思っているかもしれないし、資本家と呼ばれるわりには貧しいので左翼と手を組むこともある。いかにも忠誠心がなさそうで信用のならない、しかしある意味、自由な人々だ（真面目な人たちからは青筋を立てて怒られそうだが）。

プチ・ブルジョアジーは、社会主義陣営にも資本主義下の民主主義陣営にも嫌悪されてきた。それは、「いかなる形のものであれ小規模の財産のほとんどは、国家の管理を巧みに避ける手段をもっている」からだとスコットは分析する。小規模の財産は、大規模のそれと違い、国家のレーダーに引っかかりにくい。つまり、小規模の活動は、政治による規制や強制に抵抗することができるのだ。「この理由によって、国家は、ほとんどいつも、移動する民

──ジプシー、遊牧民、巡回商人、移民労働者──の不倶戴天の敵であり続けた」と前述の著書でスコットは書いている。

つまり、スコットがプチ・ブルジョアジーを評価する大きな理由は、彼らは国家が張る網の目に搦《から》めとられることなく、庶民階級でありながらも、自立と自治により近い生き方ができる立場にあるからだ。例えば、働く時間や休みを自分で決められるというのは人間の個人的自治の一つである。主権在我（生きる主権は我にあり）状態に近いライフスタイルを彼らは持っている。過去数十年にわたって、米国の世論調査で産業部門の労働者たちに「どんな仕事が工場労働よりも好ましいか」と聞くと、一貫して高い比率の人々が、商店かレストランの経営、または農業をしたいと答えてきたとスコットは指摘する。

プチ・ブルジョアジーは、不動産を含む「自分の財産」を持つことにこだわる。だからこそ、「成金」「小金持ち」といった意味で侮蔑的な扱いを受けてきた（マルクス主義者だけでなく、貴族階級、知識人階級からも）わけだが、スコットはそこにも合理性があるのだと説明する。

劣位の階級に許されたある程度の自治や自立は、二つの形をとることになった。国家の手の届かない周辺部で生活するか、国家のなかにあっても小規模の財産を保持することで最低限の権利をもって生活するかである。

私が思うに、多くの社会で見られる、一片の土地、自分の家、自分の店をもちたいという途方もなく強い欲望は、それらが可能にする自由な行動や自治や安全という実際面での余裕とともに、国家や隣人たちの目に映るところの小規模の財産と結びつく尊厳や地位や名誉への希求のゆえである。

小さな財産で得られる尊厳と自立を求めて人間が行動する力。それは自主自律への希求であり、英国清教徒革命のときのディッガーズやレヴェラーズ、1910年のメキシコ革命のときの農民、数多くの反植民地運動など、土地を得たい、土地を取り戻したいという切望は、過激な大衆運動のほぼすべての主題となった。

それは文字通り、「大きな暴力的なもの（ほとんどの場合、これは『国家』）」の支配から自立するための自分たちの土地を求める闘争だったのである。

そう考えると、スコットの言う「自立」とサッチャーが信じた「自助」は、まるで違うものだということがはっきりしてくる。日本語で書くとどちらも「自」で始まるし、二字だということが、「同じようなもの」感を生んでしまっているのかもしれない。英語で言えば、自立するとは、つまりはインディペンデントな状態であることだが、independent の意味をケンブリッジ辞書のサイトで検索すると、実はまず最初に出て来るのはこんな意味だ。

いかなる意味でも他の人々や出来事や物事から影響を受けず、或いはコントロールされていない

これなんだな、と思った。つまり、自分で自分のことは何とかする「自助」と、誰からも支配されない「自立」は別物だ。なんとなれば、政府に言われる「まず自助でやれよ」は、そこからすでに国家から命じられる支配が始まっているのであって、言い方を変えれば、国はあなたがたから税金を徴収しますがあなたたちを助けることはしません、ということだ。

これは、一般に言う「ぼったくり」ということではないのだろうか。

ちなみに、同サイトではself-help（自助）の意味はこうなっていた。

自分や、自分と似たような経験や逆境にある人々のため、公的組織に行かないで必要なものを自分自身で与える行為

ここで面白いのは、ケンブリッジの英英辞書サイトに記された定義には、「自分」だけではなく、「自分と似たような経験や逆境にある人々」が共に入っているところで、そうなってくると「自助」は非常に身内的で、自分と似た立場や考え方の人々に感じるシンパシーにも繋がる。

ここでも、サッチャーにはシンパシーはあったがエンパシーはなかったという指摘を思い出さずにはいられない。

プチ・ブルジョアジーの経済貢献

「マルクスが、ルンペン・プロレタリアートに次いでプチ・ブルジョアジーを軽蔑したのは、彼らが小さな財産を有しており、それゆえに小さな資本家であったという事実に基づいていた」というスコットの記述を読んでわたしが思い出したのは、『THIS IS JAPAN』という本を書いたときに取材した東京山谷の企業組合「あうん」の発起人、中村光男氏のことだった。「あうん」は元路上生活者や失業者が自分たちで立ち上げた企業組合で、リサイクルショップ運営や便利屋業務などを行っている。

中村氏に、「なぜ他の貧困者支援団体のようにNPOという形を取らなかったのか」と聞いたとき、彼はこう答えたのである。

「NPOはなかなか経済的自立ができない。制度上、基本的に出資や投資が禁止されてますから。NPOという制度自体は僕は大きく評価していますが、それが何かといえば、行政からの委託事業であったり、行政からの補助金を支えにやらざるをえない。それを強いられちゃう。そうなると、行政に対して声を上げにくい」

中村氏はこうした状況を「胃袋を握られている」という言葉で表現した。そして、こうも続けた。

「ＮＰＯをつくった知り合いはたくさんいますけど、資本主義社会のなかで声を上げられない辛さ。ってのは、個々の労働者や貧困者と同じように、一つの運動体にもあるんです。だから、あうんは最初から事業としてつくるという……」

これは、国に迷惑をかけない「自助」とは正反対の、国に言いたいことが言えるようになるための「自立」だ。だが、そんな自立の決断も「ある種の人たちからは『路線変更して事業なんかやりやがって』と言われていますが」と中村氏はとぼけたように笑いながら肩をすくめた。

マルキシズムでは、資本主義が生んだ新階級、すなわちプロレタリアートだけが（財産を持たないがゆえに）真の革命を起こすことができる。それがマルクスの理論の上では成立するとしても、歴史的には、19世紀の末まで、西欧のラディカルな労働者階級の運動の核を担ったのは、プチ・ブルジョアジーの職人たち（織工、靴職人、印刷屋など）だったとスコットは指摘する。だからこそ、「小さな財産の自立不可侵性への彼らの切望を関心の中心近くに置くことをせずに、平等を求める戦いの歴史を書くことは不可能」とスコットは言い切る。

しかも、彼によれば、プチ・ブルジョアジーたちは発明と創造のパイオニアだ。支配者に「胃袋を握られる」ことを拒否し、自分たちの土地や店や工房を持つゆえに、「こういうのは国の経済に貢献しないから、違う製品を開発して欲しい」とか「こういう効率の悪い商いはやめて、国のために生産性を上げて欲しい」とかいうお上の声を完全無視して、そんなに売れそうもない物の開発や効率の悪いビジネスをやり続けることができる。

しかし、誰も見たこともないような新しいものが出てくるのは、往々にしてこういうところからなのだ。

大企業は、そのようにして個人や中小企業が発明した商品やサービス、アイディアを盗んだり、それらを発案した人物を引き抜いて雇用しさらに売り上げを伸ばす。その時点で大企業が経済に貢献しているのだから、たいして儲けをあげなくても我が道を行っているプチ・ブルジョアジーたちが一国の経済にまったく必要ないなどとはとても言えないし、もし彼らが次々と大企業に飲み込まれてしまえば、そういう国は経済のみならず、文化的にも貧しくなってしまうだろう。もう一度、スコットの言葉に耳を傾けてみよう。


確かにプチ・ブルジョアジーは人間を月に送ったり、飛行機を作ったり、海底油田を掘ったり、病院を経営したり、薬や携帯電話を作ったり売ったりすることはできない。が、しかし大企業がそうしたことをできる力は、大体において、自分たちではできなかったし将来もできないであろう何千もの小さな発明と種々のプロセスを統合する能力によっている。（中略）大企業が市場を独占できる秘訣は、まさしく潜在的な競争相手を排除したり呑み込んだりできる力にある。そうすることによって大企業は、促進するのと少なくとも同じくらいの数の発明を、疑いもなく抑圧している。

こうやってプチ・ブルジョアジーについて書き連ねてきた理由は、勘の良い方々はもうお気づきだろうが、コロナ禍と無縁ではない。

英国の商店街を歩けば、グローバル大企業の出店は別にして、個人経営や州内・市内にしかチェーンを持たない中小経営の商店はロックダウンしたまま再オープンできずに潰れている。いま潰れているような小規模の店の経営者たちこそ、まさにプチ・ブルジョアジーの代表的な存在なのである。

もしもこの機に乗じてプチ・ブルジョアジーたちを一掃し、中小企業が大企業に吸収合併されてナチュラルに構造改革が進むようなことになれば、どういうことになるかということである。

前述の、サッチャー革命を称賛していたアトキンソン氏は、日本の政権が立ち上げた「成長戦略会議」のメンバーである。彼は著書の中で「日本の生産性悪化の一番の原因が中小企業」「生産性の低い企業は『退出』させなければならない」と記述しているという記事も目にした（2020年10月17日　朝日新聞デジタル「菅政権肝いり会議　首相ブレーンと中小企業の代表に火花」）。

サッチャーにしても、大鉈《おおなた》をふるって特定の産業界を潰して回ったわけではない。緊縮と長期ストライキによる不況で体力を落とした、おもに地方の製造業者を救済せず、見殺しにすることで自然に構造改革を成し遂げたのだ。サッチャーと同じように自分の手を汚さずに弱い企業を「退出」させて構造改革を達成するのに、コロナ禍のいまほどタイミングのよいときがあるだろうか。

だが、英国に住む人間としてサッチャリズムの負の側面に触れないわけにはいかない。サッチャリズムは長期失業者を生み出し、その後の「ブロークン・ブリテン（壊れた英国）」の時代を作った元凶と言われていることや、経済ダーウィニズムで見捨てられた（製造業の盛んだった）地域に住む人々の多くがEU離脱に投票したことなどはその一部だろう。さらに、あの時代に製造業からサービス業への極端なシフトを行って、それゆえにコロナ禍での英国の景気後退が他国より激しいと言われていることも言及しておく必要がある（パンデミックが起こると人が対面で行うサービス業の続行は難しいからだ）。

そして何よりも、アナキズムに関心を寄せる人間の立場から言わせてもらえば、プチ・ブルジョアジーを潰してしまったら、その国の民主主義は摩滅してしまうのだ（デヴィッド・グレーバーは「アナキズムと民主主義はおおむね同じものである」と書いた）。「小規模自作農と小店主が幅をきかせている社会は、今までに考案された他のいかなる経済システムよりも、平等性と生産手段の大衆所有制にいちばん近づいている」とスコットも書いているとおりだ。自立のスピリットが潰され、自助の義務だけが残る社会なんてどれほど抑圧的だろう。

さらに、経済ダーウィニズムは社会に優生思想が蔓延《はびこ》る原因にもなる。サッチャーの時代にナショナル・フロント（イギリス国民戦線）が台頭し、スキンヘッドの白人至上主義ムーヴメントがリバイバルしたことを忘れてはならない。これに加え、全国各地で（刑務所でも）暴動が発生して治安が悪化したことも。

サッチャーにはエンパシーがなかったと証言した元私設秘書のランケスターは、こんなことも言っている。

「僕の妻の家族は、ランカシャーとヨークシャーの州境に三つの繊維工場を持っていた。サッチャー首相がオフィスにやって来て、『あなたの家族の会社の調子はどうですか？』と聞くので、『残念ながら、清算準備に入ります』と答えた。彼女は衝撃を受け、びっくりしていた。『それはひどいわ。何かわたしたちにできることはありますか』と彼女が言ったので僕は答えた。『いや、何もないと思います』」

サッチャーが首相の座に就いた1979年には150万人の人々が繊維業界で働いていたが、1981年の初頭にはその数は半分になっていたと当時の貿易大臣、ジョン・ノットが証言している。

少なくともサッチャーは自分の下で働いていたランケスターには「何かできることはありますか」と聞いた。身内へのシンパシーを示したのである。しかし彼女には、自分のそばにいない人々や自助のためのリソースを持たない人々、彼女のように強い野心を持たず、穏やかで安定した暮らしを送りたいという庶民の願いがわからなかった。

サッチャー首相が誕生して2年後の1981年、英国では戦後最高の失業率を記録した。この年、リバプールのトックステスで468人の警察官が負傷し、約500人の若者が逮捕される大規模な暴動が起きた。その翌週、サッチャーは現地を訪れ、現地の人々と話をした。ある黒人の若者が当時の映像の中でこう語っていたのが印象的だった。

「彼女は本当によく話を聞いてくれた。僕はそのことには賛辞を贈らなければいけない。彼女はちゃんと話を聞いた。ただ、何と言うか、彼女が聞いたことはあまりにも彼女自身の経験の外側にあるから、彼女は自分が聞いたことを受け止めることができないだろうと思う」

揺るぎない鋼鉄の意志があったからと言うより、エンパシー能力が欠けていたからサッチャーは経済ダーウィニズムを信じ続けることができたのではないだろうか。

わたしが知る限り、英国の人々はたとえ嫌いな人間であろうと、誰かが病気になったり、亡くなったりしたら、お見舞いや追悼を送るマナーの伝統を非常に重んずる。そういう人たちが、彼女が亡くなったときには、ストリートでパーティーをして、『鐘を鳴らせ！悪い魔女は死んだ』というミュージカル映画の挿入歌をヒットチャートで1位にした。あれは英国の人々が反体制的だからなのではなく、サッチャーが始めた政治に多くの人々が痛めつけられ、それはいまも続いていることの証左と見るべきだったのだ。

サッチャーと同じ保守党のジョンソン首相は、コロナ禍中、「社会というものは存在する」と発言した。これは「社会などというものは存在しない」と言ったサッチャリズムの否定として広く受け取られている。そんないま、よりにもよって40年前の亡霊を召喚させようとしている国などまさかあるわけがない。

あるわけはないのだが、万が一のときのために、サッチャー宿泊中のホテルが爆破されたことのあるブライトンから、わたしはこれを書いた。

第5章

囚われず、手離さない

女性指導者とエンパシー

2020年にコロナ禍で話題になったトピックの一つが、女性の政治指導者を擁する国々が早々にコロナ感染拡大防止に成功したことだ。

その筆頭に挙げられたのがニュージーランドのアーダーン首相で、彼女は「家にいましょう。命を救いましょう」と繰り返し訴える動画を自宅や記者会見場で撮影し、近所の人々を助けることや、高齢者や基礎疾患のある人々への気遣いが何よりもたいせつだと呼びかけ続けた。「左派の星」的な見方をされてきた彼女だが、こうした人道的なメッセージを発する一方で、2020年3月14日には自国民も含めすべての海外からの入国者に2週間の自主隔離を求め、その2週間後には厳格なロックダウンを始めるなど「厳しく、迅速に」国境封鎖を実施した。

ドイツでは、レームダック化したと言われていたメルケル首相が久々に大物政治家の貫禄を見せ、自ら物理学者であったキャリアを生かして、科学的根拠に基づいた冷静な分析と呼びかけを行い、海外からも賞賛の声が上がった。早期から広範にわたって検査を行ったことや、緊縮財政で病院のベッド数が足りなかった他のEU加盟国とは違って緊急病棟に患者を受け入れる余裕があったことも幸いし、死者数を低く抑えることに成功している。

ノルウェーのソルベルグ首相も、早めのロックダウンと広範な検査が功を奏したと語っており、２０２０年6月21日現在で、感染者数８７０８人、死者数２４４人だ。隣国のスウェーデンと比べると、前者は約6分の１、後者は実に約20分の１の数字になっている。ソルベルグ首相は、大人のメディア関係者をシャットアウトした子どもたちを対象とした会見を行い、「コロナウィルスをちょっと怖いなと思ってもいいのです」と語り、自分も友人をハグできないのがさびしいと話したりして急激な生活の変化に不安になっていた児童たちを勇気づけた。

デンマークのフレデリクセン首相、フィンランドの世界最年少の現職首相、サンナ・マリンも、素早い国境封鎖と外出規制を決行してコロナ対応に成功した女性指導者たちだ。また、アイスランドのヤコブスドッティル首相は、4月25日までには全人口の12%が国民に無料で提供された検査を受けていたことで話題になり、感染拡大の抑制に成功した。

アジアでも、台湾の蔡英文総統の初動の驚くべき速さとウィルス感染拡大のほぼ完全な抑え込み、そしてコロナ期の世界にあって珍しくプラスの経済成長を遂げ続けたということが広く賞賛されている。
２０２０年5月22日現在の数字で、国連加盟１９３カ国の中で女性の政治的指導者を持つ国は21カ国だ〔著者注：台湾は国連加盟国ではない〕。その数の少なさを考えても、コロナ対応に成功した女性指導者の割合は、男性指導者たちよりも驚くほど高いことがわかるだろう。こうなってくると、女性のほうが感染症の対策には向いているのではないか、なぜ女性の指導者のほうが有利なのかという議論になるのは当然のことだろう。
その鍵が、まさにエンパシーであるという論調をよく見かける。例えば、２０２０年5月22日付の米ＮＢＣニュースのサイトにはこう書かれていた。

彼女たち、女性指導者が強調するのは、エンパシーであり、人間の尊厳であり、ケアすることだ。まるでそれら二つの目的が一致しないものであるかのように、組織的な経済と生命を救うというゴールを対立させるのではない。ニュージーランドの首相、ジャシンダ・アーダーンを見てほしい。彼女はエンパシーを約束して首相になった。そしてそれは効果を発揮した。

このような「女性指導者のほうがエンパシーを発揮できるから」説は、下手をすると、「女性のほうが気配りが細やかだから」とか「女性はふだんから家族の健康のケアをするからこういう問題には向いている」とかいう、ステレオタイプ的なジェンダー・イメージと重なりかねない。英国では、女性のほうが科学者の言うことを素直に聞くから、などというマンスプレイニング（男性が上から目線で説教したり説明したりする態度）的なことを言うTVコメンテーターさえ見かけた。

ニューヨーク大学の社会学教授キャスリーン・ガーソンの興味深い発言が2020年4月25日付のガーディアン紙の記事中にあった。男性の政治家たちは、女性と比較すると「リーダーたるものこうあるべき」という鋳型にはまりがちで、それ故にたとえエンパシーに長けた人であっても、それを公に見せることを躊躇《ちゅうちょ》するというのだ。つまり、指導者たるもの、感情的になって思いやりや優しさを見せるより、いつどんな状況でも揺るがない強さやパワーを示すべきと思い込んでいるというのだ。だから、女性指導者たちのように、強く、決断力もあるが、思いやりに満ちた一面もあるという、多面的な指導者像を演出することができないのだという。そうであれば、男性指導者の多くは、エンパシーの能力が低いのではなく、むしろジェンダー・イメージに囚われ、エンパシーを封印することによって失敗していると言える。

しかし、ハーバード・ビジネス・レビューにミシガン大学スティーヴン・M・ロス・スクール・オブ・ビジネスのデヴィッド・M・メイヤーが寄稿した「男らしい規範から逸脱した男性がいかに罰せられるか」（2018年10月8日）という記事によれば、男性は、エンパシーがあることを見せると実際に不利な立場に立つという。エンパシーは指導者にとって重要な能力だが、それを示すことによって信望を得るのは男性よりも女性のほうで、エンパシーを示す女性リーダーはキャリア上の問題にぶつかることが少なくなるという調査結果が出た。他方、男性にはそのような効用はなかったそうだ。

この調査によれば、弱さや親切さ、悲しさ、控えめな態度、フェミニスト的であること、または女性的であることを示すと、米国の男性たちはキャリアを前進させることが難しくなるという。どうりでドナルド・トランプのキャラクターが受けたわけだ。彼は大統領になる前、『アプレンティス』というテレビ番組で、ビジネス界での成功を夢見る「部下」候補者たちに課題を与え、勝者と敗者を冷酷に決定する究極の「ボス」としてお茶の間の人気を博した。弱肉強食のビジネス界で、多額の借金を抱えることもあったが、戦って勝ち大実業家となったタフでマッチョなビジネスの達人という番組でのイメージが、どれほど米国の一般の人々に浸透していたかということは、トランプ旋風が起こるまで、高学歴のリベラルたちは考えもしないことだった（そもそも彼らはこのような番組は「低俗」として見ない）。

とはいえ、他者の靴を履いてみることは、被雇用者や取引先、ビジネス・パートナーたちの心情や考えを冷静に想像することでもある。それは次の一手を打つ決断をくだすための材料となる能力だ。ビジネス・リーダーにこそ必要であるのは間違いない。

フードデリバリー会社ChewseのCEO、トレーシー・ローレンスが「なぜこの女性創始者はエンパシーのある面を見せることを恐れていないか」という記事（2019年5月30日）をEntrepreneur.comに寄稿している。彼女は、エンパシーを磨く方法やそれを指導力として活かす方法を指南しているが、その中に「勝つのをやめて、聞くことを始めろ」という項目がある。曰く、「自分の気に入らないことを誰かが言うとき、わたしたちはあまりに容易に自衛的になったり、相手の議論を歪めて勝とうとする。でも、わたしたちがそれをすると、誰のためにもならない」。これなどは、いわゆるツイッターなどでの「論破」が実は建設的ではないこと、論破合戦を繰り広げることはそれ自体がゲーム化し、彼らがそもそも変えるべきと言っている状況はほとんど何も変わらないこととも似ている。

「勝つ」ことを良いリーダーの条件とするか、「勝たない」ことを良いリーダーの条件とするか。なぜか前者は男性的で後者は女性的なスタイルだと思われがちだ。

女性は「勝たない」スタイルでやんわり人々を率いても「弱い」と言われないので、そのスタイルが取りやすいというのが実態だろう。だから、女性リーダーのほうがエンパシーに長けているように見えるのだ。しかし、他方で、女性のほうがエンパシー能力そのものが男性より高いのだという根強い考え方もある。ともすれば、これ自体が差別的な考え方と言えないこともないが、この説はどのように展開されてきたのだろう。

エンパシーに長けた脳がある？

英国の発達心理学者でケンブリッジ大学発達精神病理学科教授のサイモン・バロン＝コーエンは、その著書『Zero Degrees of Empathy: A new theory of human cruelty』で、自殺者の三分の一が境界性パーソナリティ障害を持った人々であり、ドラッグ依存症やアルコール依存症、摂食障害で通院する人の約半数もそうだという。彼はさらにこうした症状を持つリスクの70％が遺伝性である可能性があるという。ということは、残りの30％は子どもの頃に受けた虐待やネグレクトなどの後天的なものになる。

彼は同書で「邪悪」という言葉を「エンパシーの欠損」という言葉で置き換えようとした。他者の靴を履く能力が不足、または欠如している人々はそれぞれある種の症状を持っているのであり（境界性パーソナリティ障害、ナルシシズム、サイコパス）、暴力はすべてエンパシーの欠如から生まれるという主張だ。つまり、邪悪なことができる人は、悪い人間ではなく、何らかのダメージを負った人間であるという考え方だ。彼の説によれば、エンパシーの不足、または欠如が残虐な行為を生むのであり、そうさせる原因は、そのようなダメージを負う人々は他者を「モノ」として見ているからだという。彼らは「モノ」、または「モノとして知覚している人間」としか関係性を感じられないのだとバロン＝コーエンは主張する。

しかし、彼のこの持論を整理すると、「邪悪」を「エンパシーの欠損」と言いかえたとしても、生まれながらに残酷なことをしがちな人間はいるも同然だ。なぜなら、こうしたエンパシーの欠如を生み出す症状（境界性パーソナリティ障害）は遺伝性のものである可能性が高い、という立場を彼は取っているのだから。

遺伝性による何らかの傾向、生まれながらの何らかの欠如、といった言葉は、説明しがたい複雑な人間の行動と向かい合うとき、「ああ、なるほどね」という安心感をもたらす効用がある。だからこそ、統合失調症にせよ、鬱にせよ、（そしてこの場合はエンパシーにせよ）遺伝によるものとしておけばそれ以上は悩む必要がない。生まれながらの悪人はいないが、生まれながらに何らかが不足または欠けている人は存在するから世に悪や不幸が絶えないのである、で楽に片付けられるからだ。

しかし、このような考え方は、歴史的に女性の行く手を塞ぐ巨大な壁になってきたものとよく似ているのではなかろうか。ヴィクトリア朝の脳科学者たちは「生理学的な事実」があると主張してそれをふりかざし、社会に存在する女性への偏見や差別を正当化しようとした。彼らは女性が高等教育を受けることを禁止し、家庭にあって子を産み育てることが自然界の法則に従った姿だと「学術的」に主張した。当時の学者たちが男性の社会的優位性を正当化するために主張した珍妙な説を現代の人々は愚かしいと笑う。しかし、現代の神経科学とそれらとの間に繋がっているものがまったくないと言えるだろうか。

例えば、バロン＝コーエンは「男性脳」と「女性脳」が存在するという。「女性脳」はエンパシー力とコミュニケーション能力に長けていて、他者への想像力を発揮するための回路が備わっているというのだ。他方、「男性脳」は理性的な物事の理解やシステム構築（すなわち機械の制作、ソフトウェア開発、首尾一貫した論理的思考、作曲、政治など）に適しているという。こうした脳のジェンダー化は、大昔の男女のステレオタイプとどこが違うのだろう。

この「女性はエンパシー力が高い」説を理由づけするのによく使われるのが、あのミラーニューロンでもある。例えば、欠伸《あくび》の伝染の話だ。サイコパスはあまり欠伸がうつらないと言われている。彼らは疲れたときや飽きたとき、自分と関係のない話題が展開されているときには欠伸をするが、なぜか絶対にしないときがある。それは、周囲の人が欠伸しているのを見たときだという。欠伸の伝染力は脳の中で他者の動きを真似るミラーニューロンの働きによるものであり、これが他者の心情を想像するエンパシーにも関係していると言われている。

動物行動学者エリザベッタ・パラージが率いたピサ大学の調査によれば、周囲の人の欠伸を見るとつい自分も欠伸をする女性は、平均すると男性の2倍になるという。パラージによれば、これは「向社会的行動」に結び付くエンパシーの表れだそうだ。言い方を変えれば、女性は、男性よりも他者と関わる努力をするというものだ。

「女性はその人生のいくつかの側面で、男性よりもずっとエンパシーを発揮します。女性は母親としてのケアをするために進化してきたので、これには生物学的基盤があります。ここで問題は、もし女性が男性よりもエンパシーに長けているとすれば、欠伸の伝染がエンパシーの測定材料になるかということです。答えは、イエスです」と英紙インディペンデント（２０１6年2月3日）に話している。

要するに、他者が欠伸するのを見て自分も欠伸してしまう回数が多ければ多いほど、その人はエンパシー能力が高い人ということになるが、ここで取り上げられているのが脳内でのミラーリングに基づいたエンパシーである以上、それはいわゆるエモーショナル・エンパシーのほうになる。興味深いことに、人間は親しい人々が欠伸をするときに、見知らぬ人が欠伸をするときよりも伝染しやすいという調査結果もある。親しい人の（退屈な）心情が理解できる場合、そして和やかなムードがそこにある状況で欠伸は伝染すると考えるのがふつうであり、意見が合わない人と激しく論争を戦わせている最中に相手が欠伸したからといってそれが伝染するとは考えにくい。エモーショナル・エンパシーが、「同情」「共感」の意味を持つシンパシーとほぼ同義に思えるのはこうした点である。

ここまでも書いてきたように、エンパシーと一口に言っても様々なタイプがある。感情や考え方の伝染によって自動的に誰かに気持ちが入り込む（同一化しようとする）エモーショナル・エンパシーの対極にあるのが、コグニティヴ・エンパシーだ。

こちらは、自然に対象に寄り添ったり、入り込んだりするのではなく、意図的に自分と他者の違いを担保しながら、他者の視点を取り、自分以外の人間の考え方や感情を推し量る能力である。例えば、欠伸が伝染するのは人間だけではなく、チンパンジーやサル、犬などでも同じことが起きることがわかっている。ということは、エリザベッタ・パラージの説を用いるなら、これらの動物もエモーショナル・エンパシーのようなものを備えているのだ。しかし、人間はコグニティヴ・エンパシーのような複雑な能力も示す。そしてこれは、エモーショナル・エンパシーとコグニティヴ・エンパシーは脳内での生成プロセスが異なるからだとも言われている。

トップダウンかボトムアップか

エモーショナル・エンパシーとコグニティヴ・エンパシーの違いは、神経科学の分野では「トップダウン」と「ボトムアップ」の二つのモードを用いて説明される。「トップダウン」や「ボトムアップ」と言えば、つい政治や社会運動、企業などの組織の在り方を想像してしまうが、わたしたち人間の感情の生まれ方にも、この二つの経路があるというのだ。

デンバー大学とスタンフォード大学の研究者たちによる「Bottom-up and top-down emotion generation: implications for emotion regulation」（2012年3月7日）によれば、ボトムアップの感情とは即時的で、ある刺激に対する習慣的反応として出てくる。例えば、車が近くに走り込んでくると恐怖感を覚えるなどのリアクション的感情である。他方で、トップダウンで生まれる感情とは、もっと意識的な反応だ。こちらは刺激ではなく、ある状況について自分で考えることによって生まれてくる。試験のために十分に勉強しなかったと自分で自分の行動について考え、判断をくだして不安になるというような感情である。

そう考えると、つまり、ボトムアップで発生するエンパシーとは、他者の行為や状態を脳内でミラーリングすることによって、そのリアクションとして発生する。要するに、エモーショナル・エンパシーである。他方、トップダウンのエンパシーのほうは、「cognitive perspective-taking（認知的他者視点取得）」や「theory of mind（心の理論）」としても知られており、他者の心情は完全に自分の想像、または理解として存在し、脳神経のコントロールや抑制のメカニズムに基づいている。つまり、ミラーリングで自分も感じてしまう「抑えがたい」共感とは違い、脳の制御機能のおよぶ範囲で他者の状況や心情を考えているのであり、自動的にサッと出てくる反応ではなく、意識的に行う想像と言えるだろう。

この「ボトムアップ」と「トップダウン」のプロセスを知ると、思い出すのはポール・ブルームが『反共感論　社会はいかに判断を誤るか』の中で展開したバロン＝コーエンへの批判だ。バロン＝コーエンは、エンパシー能力のレベルは人によって異なるとして、サイコパスやナルシシストのように他者に共感しない人々のエンパシーを「レベル0」とした。逆に、たえず他者の感情に焦点を合わせ、他の人々がけっして自分の脳のレーダーから消えないようにする人を「レベル6」と定めた。バロン＝コーエンは、レベル6に該当する人々がどのような人物であるか説明するために、ハンナという架空の女性を登場させている。彼女は、他者の感情に波長を合わせることに天才的な能力を発揮する心理療法士だ。ブルームは、バロン＝コーエンの著書『The Science of Evil: On Empathy and the Origins of Cruelty』から、彼が描いたハンナの人物像を引用している。

あなたが部屋に一歩足を踏み入れるやいなや、彼女はすでに、あなたの表情、身ぶり、姿勢を読み取っている。（中略）彼女はあなたの声の抑揚をもとに、あなたの心の状態を察知する。（中略）

かくしてあなたは、慰めと気づかいの言葉をかけるため以外には相手の話をさえぎらず、感情をミラーリングし、気分を高揚させ、自分の存在価値が正しく評価されていると感じさせるためにときおり気持ちを落ち着かせる言葉をかけてくれる、このすばらしい聞き手に、あっという間に自分の心を開いているのである。ハンナは、それが自分の仕事だからそうしているのではない。彼女は、自分のクライアントにも、友人にも、あるいは会ったばかりの人にさえ、そのようなあり方で等しく接するのである。ハンナの友人は、彼女に気づかわれていると感じ、彼女の交友関係は、信頼を分かち合い、互いに支援し合うことを中心に築かれている。このように、彼女は抑えようのない共感に駆り立てられているのだ。

「感情をミラーリングし」、「抑えようのない共感」などの言葉が使われていることからわかるように、ここでハンナが有しているエンパシー能力とは、自動的に対象に気持ちが入るエモーショナル・エンパシーのことであり、ボトムアップのエンパシーとも言える。バロン＝コーエンは、「女性脳」と「男性脳」が存在すると主張して、エンパシーに長けた脳は前者だという論を唱えているから、彼によればエンパシー・レベルが6（つまり最高）の人物の例が女性であることはそれを反映しているのだろう。つまり、バロン＝コーエンがエンパシーを語るとき、それはボトムアップのエンパシーのことであり、「女性脳的」なものなのだ。

他方でポール・ブルームは、ハンナのようにエモーショナル・エンパシーが過剰な人物であることには「コストがともなう」と主張する。他者の経験がつねに彼女の頭を占める（あちこちでミラーリングしてしまって他者の気持ちで頭がパンパンになってしまう。――ブルームはこれを「自分が一で他者が九九の割合を占めるよう」と表現している）ようになると、様々な弊害が生じるというのだ。ヴィッキー・ヘルゲソンとハイディ・フリッツという心理学者は、このように「他者に過剰に配慮し、自分のニーズより他者のニーズを優先する」性質を「過度の共同性」と呼び、その調査を行った。結果、そのような人々は往々にして「過剰に保護的、侵襲的、自己犠牲的であること」が判明し、「他者が自分のことを嫌っている、よく思っていないという感情に結びついており、他者が自分の手助けや助言を望まないと気が動転する」という。また「過度の共同性」が高い人は、他者に対する注意にばかりかまけて、自分自身への注意を怠り、心臓病、糖尿病、癌などのもとになることもあるそうだ。

「過度の共同性」を測定するために前述の心理学者が考案した尺度の中には、「自分が満足するには、他者も満足しなければならない」「誰かに助けを求められると断れない」「他人の問題に悩むことが多い」といった評価項目が含まれているそうで、一般に、男性よりも女性のほうが高いスコアを示すという。

前述の心理学者たちは、この性差が、不安や抑うつにはるかに悩まされやすい女性の傾向を説明すると考えているらしい。「女性に一般に見受けられる疾病や症状の多くが、他者に焦点を置き強い共感を覚える、女性の一般的な傾向に関連しているのは実に驚くべきことだ」という教育学者バーバラ・オークリーの主張もある。

ここでもまた、ヴィクトリア朝時代から延々と続く「女性脳」「男性脳」の議論が出てくるわけだ。

自分を手離さない

ところで、「過度の共同性」は危険なことでも、「共同性」は良いことなのだそうである。

そちらには別の評価尺度があるそうで、「人のために役立とうとする度合い」「他者の感情に対する気づき」「親切心」「他者理解」などが測定基準として定めてあるらしい。この評価で男女のどちらが高いスコアを出すのかということはブルームの本には書かれていないが、「共同性」のほうには、「過度の共同性」のような共感的苦痛（他者の苦しみを感じることによって自分も苦しむ）が含まれてはいない点でポジティヴなものだという。つまり、「過度の共同性」はミラーリングで瞬時に他者の感情を真似てしまうボトムアップのエモーショナル・エンパシーであり、「過度でない共同性」は自己制御の利く脳のシステムの中で他者の感情を想像・理解するトップダウンのコグニティヴ・エンパシーと言い換えることができそうだ。前者は自己と他者を同一にしてしまうので「共感的苦痛」を感じるが、後者はあくまでも自分と他者を別物として認識するので自己抑制が働くのだ。

自分は自分。他者とは決して混ざらないということである。その上で他者が何を考えているかを想像・理解しようとするのだ。

脳内の鏡に他者になった自分を映し出す（だから自分も知らないうちに他者と同じ靴を履いている。ひょっとすると同じ服を着て同じ髪型もしているかもしれない）というのではなく、他者との距離を保ちながら自分の靴を脱いで他者の靴を履いてみる。両者の違いは、「要するに『共同性』っていうのもほどほどであればいいんだな」みたいなバランスの問題ではないように思える。おそらくここで重要なのは、「自分を手離さない」ということだ。

ボトムアップのエンパシーは「男性脳」だの「女性脳」だのというものの基準に使われてきたが、しかしこれにしても、実験的な測定法を使って広範なサンプルを取って調査すれば実際にはそれほどジェンダーによる差はないという説もある。自己申告的な質問形式の調査になると女性のほうがどうしてもエンパシーが高い結果になるというのだ。つまり、各人がジェンダー・イメージに囚われていて、「自分は女性だから男性よりも共感力が強い気がする」「自分は男性だから鈍感で人の痛みに気づけない気がする」と思い込んでいるというのだ。

ある意味では、ジェンダー・ロールに囚われること自体、たやすく自分を手離していると も言える。しかし、わたしやあなたは、他の女性たちでも、他の男性たちでもない自分自身なのであり、その違いをたやすく放棄しないことは、「過度の共同性」に陥らず、正しい「共同性」を身に着ける素地になる。

ところで、英国がロックダウンに入ってから、息子の学校のオンライン授業で出される英語（つまり国語）の課題がめっぽう面白い。

彼らはいま、シェイクスピアの『ロミオとジュリエット』を読んでいるのだが、その授業で出された課題が洒落ていた。主人公になりきってラブレターを書くというものなのだが、例えばこれがわたしたちの旧世代なら、女子はジュリエットになり、男子はロミオになったつもりで恋文を書いて来なさいとか言われたものだ。しかし、息子たちの世代は違う。最初の週は全員がロミオになり、できる限りライム（韻）を使って、ラップ調のラブレターを書けというのが課題だった。そして次の週には、今度は全員がジュリエットになり、自分のオリジナルのメタファーを少なくとも1か所、クリシェ（頻繁に使われる言い回しや表現）を少なくとも3か所用いてクラシックなラブレターを書きなさい、という課題が出た。

この課題を出した教員はノンバイナリーを公言していて、自分のことを「HE」でも「SHE」でもなく、「THEY」と呼んでほしいと最初の授業で生徒たちに話したそうだ。「自分は男性でも女性でもない」と自らについて語る教員のことだから、おそらく3週目には、ノンバイナリーとして手紙を書けという課題が出るんじゃないかと息子の友人たちはSNSで話していたようだ。が、『ロミオとジュリエット』の課題は前述の二つで終わった。

最近、英語（国語）の教員から電話がかかってきた。学校が休みになってから、各教科の教員たちが保護者たちに電話をかけ、生徒たちはオンライン授業にどのように取り組んでいるか、何か困ったことはないかと定期的に聞いてくるのだ。くだんの教員に、休校中の課題がとても興味深くて（ちなみに、『ロミオとジュリエット』の前は、「オーウェルの『動物農場』に倣《なら》って動物を主人公にしたロックダウン中の社会や人間についてのアレゴリー（寓意）を書きなさい」というものだった）、息子はすこぶる熱心に課題をやっていると伝えると、教員は言った。

「オンラインだとどうしても課題中心になってしまうから、書くほうも、読むほうも、退屈しないものをと考えています」

「『ロミオとジュリエット』のラブレターなんて、読むのも本当に楽しそうですね」

「ふだんマッチョで反抗的な生徒が、ジュリエットになってすごくスウィートなラブレターを書いてきたりしてびっくりしました。逆に、目立たないおとなしい子が超クールなラップを書いたりもして。これは、いつも家でラップを聴きまくってるなって思ったり」

「いつものイメージと違う生徒の顔が見えたりするんですね」

と言った後で、思い切って聞いてみることにした。

「生徒が全員ロミオになったり、全員ジュリエットになったりして手紙を書いたのも、そういうことなんですか。ジェンダーのイメージから自由になるというか」

「そういうことに縛られないほうが、思いもよらぬ傑作が書けたりするんです。あの課題で提出された生徒たちの文章を読んでいると、そのことが本当によくわかりますよ」

ノンバイナリーの人々の中には、「自分は女性でも男性でもない」と言う人もいるが、「自分は女性でもあり、男性でもある」と言う人もいる。息子が通っている中学にはノンバイナリーの教員が2人いて、電話で話した教員は前者であり、もう一人の教員は後者だ。

最新のジェンダーの議論は脇に置いといて、この教員たちは、自分が何であり、何でないかということをきっちり生徒たちに話しているのだ。この人たちは、女性だ、男性だ、第三の性だ、という以前に、自分であることをたやすく手離さない人たちなのだと思う。

他者の靴を履くことができる人たちの社会を作るには、自分たちが自分たちにかけられた呪いを解く必要がある。他者から勝手に押し入れられるカテゴリー分けの箱に入って、箱としての呼称のラベルを貼られ、「この箱の中に入っている人たちはこんな味がします」という中身の説明や、「その味がするのはこんな素材が使われているからです」という原料リストをびっしり書き込まれることを拒否しなければ、自分が自分であることを守るのは難しい。人間はこの原料リストに弱いもので、実はそんな味は全然しないのにもかかわらず、リストの香辛料の名前を見て、「そういえば確かにそんな味がする」などと思い込んでしまいがちだ。

この原料リストは、頭蓋骨の重さとか遺伝子の染色体とか女性脳とか男性脳とかにも置き換えられる。そしてそれらは歴史的に差別や偏見を「合理的」とする言説として使われてきた。

誰かをこうだと決め付け、思考停止に陥る人間の習性を突破するために必要な「エンパシー」ですら、「女性」ラベルの原料リストに書き込まれているとすればこれほど皮肉な話もないだろう。

もっと悪いことには、この原料リストは、科学的だったり、エビデンスに基づいているのだと言って社会常識になっていることが多い。しかし、著書『野蛮の言説　差別と排除の精神史』（春陽堂ライブラリー）の中で、中村隆之は、「その社会常識は、別の社会や別の時代には通用しない部分が必ず出てきます」と書いている。

さらに言えば、箱の中身の説明が差別的であるという事実を正当化するためにこうした原料リストが書かれているとすれば、それは説明を書いた人々が自分たちは正しいのだということを主張するためにそこに添付したとも言える。坂口安吾風に言えば人間は可憐で脆弱なものなので、排除にしろ、差別にしろ、拠って立つ正当な根拠を欲しがるものなのだろう。

第6章 それは深いのか、浅いのか

ネーチャーorナーチャー

エンパシーの能力を持たない者の典型的な例として使われることが多いのはサイコパスだ（一方で、ポール・ブルームはコグニティヴ・エンパシーの悪用の究極の形として捉えているが）。

しかし、近年はソシオパスの概念も広く知られていて、反社会的人格を語るにも、「ネーチャーorナーチャー（先天的なものor後天的なもの）」の議論が重要視されている。

一般に、反社会的人格を持つ者とは、他者の権利を踏みにじることに良心の呵責をおぼえず、エンパシーに欠け、他者から搾取し、他者を思い通りに操作することに長けた人々とされる。こういう人々は、サイコパスとソシオパスに分類され、前者は生まれながらの性質だが、後者はおもに幼少時の虐待など、環境によって発生する性質だという。

それぞれの特徴として、前者は冷静で落ち着いているが、後者は不安になりやすく、怒りを爆発させ、暴言を吐きがちと言われる。だから後者のほうが社会の中で目立ち、「ああ、あの人はそうかもしれない」と見つけやすいが、前者はまったくどこにいるのかわからない。サイコパスが常に切り裂きジャックやレクター博士のような犯罪者になるわけでもなく、こうした人々はわたしたちの職場や近所や知人・友人のサークルにふつうに交ざっているのだという。

環境の産物として反社会的人格を持つようになってしまったソシオパスは、激しやすい特徴からもわかるように、他の人々と同じように怒ったり、悲しんだりする感情を持っている。ただ、エモーションの激流をコントロールすることができないのだ。他方、サイコパスは恐怖心や怒りという感情に欠け、単にスリルを求めて非道なことを行っているので、ソシオパスよりもさらに残酷になれる。怒ったり暴れたりしない分だけ、ふだんの生活の中ではサイコパスのほうがつきあいやすいとも言えるが、知らない間に相手の思うままにコントロールされていることになる。

ところで、サイコパス、ソシオパスといった反社会的人格の対極に位置する「エンパシーの塊」として定義される人格がある。エンパスだ。エンパスは、共感力が非常に高い人ということになっている。心理学者がエンパスという言葉を使うとき、それは非常に敏感な人のことで、周囲の人々の感情や考えを察知する能力が高く、他者の痛みのために自分を犠牲にすることもある（ちなみに、エンパスはスピリチュアルな用語としても使われることがあり、あちらの世界では、他者のエモーションやエネルギーを感じるサイキックな力を持った人という意味になるらしい)。

エンパスには、他者にとっては素晴らしい友人になるとか、直感に優れ(他者が信用できるかどうかが瞬時にわかる)、寛大で懐の深い人物であるとかいう長所もあるが、本人にとってはけっこうつらい人格なのだという。友人や周囲にいる人々が経験していることをリアルに感じ過ぎてしまうからだ。不安や憎しみなど、他者が抱いているダークな感情に自分自身まで振り回されるようになり、自己と他者の線引きができなくなって、無理じゃないかと思うことまで頼まれるとやってしまう。そのため、人間に囲まれているのがつらくなり、自然に安らぎを求める人が多いそうだ。

こう特徴を書き並べていると明らかになってくるのは、エンパスとは、エンパシーの中でも、いわゆるエモーショナル・エンパシーが過剰な人ということだ。

米国の精神科医で『LAの人気精神科医が教える共感力が高すぎて疲れてしまうがなくなる本』(桜田直美訳、SBクリエイティブ)の著者、ジュディス・オルロフによれば、エンパスとは世界の喜びとストレスをスポンジのように吸収してしまう人だ。ほとんどの人間には、過剰な刺激から自らを守るための保護フィルターのようなものが備わっている。が、エンパスにはそれが欠如しているので、ポジティヴなものであろうと、ネガティヴなものであろうと、周囲の感情やエネルギーを吸い取ってしまうという。人々の暗い感情を吸い取り過ぎて本人の体調が悪くなることもあるそうで、人がたくさんいる場所が苦手な人もいるらしい。

自分を保護するフィルターの欠如、瞬時に周囲の感情を吸収する能力、と聞くと、これは生まれながらの資質であるのは間違いない。つまり、エンパスと呼ばれる人格は先天的なものなのだ（サイキックな力と呼ばれることもあるぐらいなのだから）。

しかし、エンパシーの中には、エンパスが多く備えすぎているエモーショナル・エンパシーとは異なる、もう一つの種類がある。コグニティヴ・エンパシーである。気がついたら他者の靴を履いている、というミラーニューロンの働きによる無意識の「共感力」ではなく、自分で自分の靴を意識的に脱いで他者の靴を履いてみる「想像力」であるコグニティヴ・エンパシーは、よしんばそれが得意な人がいたとしても、エンパスと呼ぶわけにはいかないだろう。では、こういう人々は何と呼ばれるのだろうか。

それはおそらく、ありふれたその他大勢のわたしたちだろう。サイコパスやエンパスのような特別な人々ではない。平凡な存在であるわたしたちが経験や訓練によって高めることができる想像力、それがコグニティヴ・エンパシーだからである。

エンパシーにも先天性と後天性？

先天的なエモーショナル・エンパシーと後天的なコグニティヴ・エンパシーについて考え

るとき、わたしは保育士をしていたので、つい赤ん坊や幼児たちのことを思い出してしまう。

先天的なエンパシーが脳の中で他者の行動をミラーリングしてしまう人間の習性と結びついているとすれば、赤ん坊だってそれを持っている。保育園の0歳児から1歳児の部屋を思い出すとよくわかる。乳児の部屋にいる園児は、昼寝タイムにドミノ効果で眠りに落ちるからだ。保育士が赤ん坊の体を軽く揺らしたり、軽く額や頬を撫でたりして寝かしつけ作業を始め、1人、2人と眠らせることに成功すれば、その様子を見ていた他の赤ん坊たちも部屋のあちこちで勝手に眠りに落ち始める。また、這い回ることしかできない生後数カ月の赤ん坊たちは、部屋のどこかで誰かが泣き出すと、それが伝染したようにつられて泣き出す。誰かが「だーだー」とか「あーあー」とか言って手を叩き始めると、その周囲の子たちがやはり「だーだー」と声を出してノリノリで手を叩き出すのもよく見られる光景だ。

一般に、保育士はこれを乳児の「コピーする能力」と呼ぶが、これもミラーニューロンのなせる業であるとすれば、誰も教えたことのないはずのその力が、すでに赤ん坊に備わっているのは不思議なことではない。

ところが、赤ん坊のときにはドミノ効果でおとなしく寝ついてくれた子どもたちも、成長するにつれてだんだん寝なくなったり、誰かが泣き出してもつられて泣かなくなったり、他の子どもたちの行動をコピーしなくなる。これは、周囲の感情や考えを吸収し過ぎないよう自分を守るための保護フィルターが脳内で覚醒し始めたからかもしれない。ふと思い出すのは、簡易ベッドに寝かせられ、周囲の子どもが眠りに落ちていく姿を見ながら欠伸しつつも、なぜか必死で両目をギリギリと見開いて天井を睨んでいた2歳児の姿だ。エモーショナル・エンパシーが機能し過ぎないように保護フィルターを働かせようとする人間の姿というのは、まさにあれなのかもしれない。

しかし、他者への想像力を意味するコグニティヴ・エンパシーのほうはといえば、どんな子どもでも、すでに持っているということはなく、大人が教えるものだった。わたしの保育の師匠だった上司がよく言っていたのは、「感情の名前を教えなさい。子どもたちがいま感じているエモーションが何であるのかを説明してあげなさい」ということだった。

例えば、ミニカーで遊んでいる2歳児が自分の思う通りに車を走らせることができずに癇《かん》癪《しゃく》を起こしてそれを部屋の向こう側に放り投げる。そのとき、保育士は子どもに「あなたはいま口惜しいのね」と口に出して言ってあげろというのだ。そしてさらには「ミニカーが思った通りに動かないから悔しいんでしょう。玩具が動かないのは嫌だから」と、なぜ子どもがそのムカつきを感じるに至ったのかを説明する。

これは本人が自分の感情について知り、言語化することができるようにするためだが、それだけではない。こうやって感情を定義し、名付けていくことで、他者の感情についても自分の中で言葉に変換し理解できるようになるのだ。「悲しい」「腹が立つ」「寂しい」などの言葉とその感情を抱く理由がリンクできるようになれば、同じように思う通りに動かない玩具を投げている子どもを見て「あの子は口惜しいんだね」とわかるようになる。このように、コグニティヴ・エンパシーとは瞬時に他者の感情が伝染するような類のものではなく、相手がその感情を抱くようになった理由を深く論理的に探求するための学習と訓練の果実なのだと思う。

『災害ユートピア』が提示する深みの問題

レベッカ・ソルニットが著書『定本　災害ユートピア』（高月園子訳、亜紀書房）の中でこんなことを書いていた。

わたしたちが感情について語るとき、たいていは、楽しいか、悲しいか、そのどちらかだ。前者はある種の滑稽な陽気さであり、後者は純粋にネガティブな感情だが、むしろ〝深いか浅いか〟〝豊かか貧しいか〟といったとらえ方をするほうが、わたしたちは自分の体験をうまく舵取りできるのではないだろうか。

彼女は「最も深い感情」「個人の存在の核につながる感情」「人の最も強い感覚や能力を呼び覚ます感情」は「死の床や戦争や緊急事態にあってさえも豊かでありえる」という。逆に、平時の「幸せであると決めつけられる状況は、しばしば単なるどん底からの隔絶」であり、この深さからの隔絶の中で、人は、楽しいか、悲しいかという感情の基準で動くようになるというのだ。

「深いか、浅いか」の問題は、二つのエンパシーについてもスライドできそうだ。例えば、幸福そうな人を見て自分も笑ってしまうエモーショナル・エンパシーでは、幸福そうに見える人は本当に幸福なのかというようなことは考えずにとりあえず脳内でミラーリングして一緒に笑っている。なんというか、浅瀬で周囲に合わせるいい人っぽいが、そこに深さはない。

他方、コグニティヴ・エンパシーのほうは、たとえ賛成できない、好感が持てない相手でも、心中で何を考えているのだろうと想像することだ。前提とする相手が嫌いな人物である場合もあるのだから、そんな相手を脳内でミラーリングする可能性は高くない（欠伸は親しい人のほうが伝染しやすいのだから）。こちらは、無意識に起きてしまうミラーニューロンの働きとは性質が違う。それゆえ、人は単に「好きか、嫌いか」「楽しいか、悲しいか」というような浅い感情に留まらず（または縛られず）、深みのある洞察を行う努力をするのだ。

このことは、「ポピュリズム」を考えるときに役に立つ。いま一般的に「ポピュリズム」と呼ばれているものは、「ポピュラリズム」のことであることが多い。片岡大右《だいすけ》氏が訳書『民主主義の非西洋起源について』（デヴィッド・グレーバー著、以文社）でPOPULISTを「民衆中心的」という的確な訳語で置き換えたように、民衆中心主義《ポピュリズム》と人気取り主義《ポピュラリズム》を混同すべきではないと個人的には思う（なぜなら、民衆中心主義は、実はそんなに庶民に人気があるわけでもないから）。だから、ここではあえて「ポピュラリズム」という言葉を使うが、まさにポピュラリズムこそがエモーショナル・エンパシーを最大限に利用したものだ。

例をあげるなら、同性に人気のある女性の政治的指導者が、コロナ禍中の記者会見にマスクをして登場する。そしてふとした場面でマスクを外して見せ、「あら、口紅してくるのを忘れちゃった」と発言する。報道陣は一斉にフラッシュをたく。この場合の女性政治家は、日常的に化粧をして生活している人の多くが似たような体験をしていることを知っているから、事情をわざわざ言葉にして説明する。また一斉に写真を撮る報道陣も、このようなシーンこそが人々に好まれることを知っているのでカメラに収める。

人間は、「あの著名人、わたしと同じ」と感じると好感を持つのである。言ってみれば、政治的指導者という強い立場の人間が、意外に自分と同じような日常の些細な出来事を経験している現場を見ることで、自分の姿を指導者の姿に重ねて脳内でミラーリングするのだ。その瞬間、脳内では自分が彼女（女性指導者）になっている。こういう瞬間が多ければ多いほど、他者が「身近な存在」に思えるようになっていくのだ。

会ったこともないし話したこともない人物が身近になったように思えるというのは不可解な現象だが、映像や画像を通じてミラーリングすることで自分の脳内では接近しているからだろう。政治家だけでなく、俳優にしろ、いかなる著名人でも、「身近」で「等身大」な人物ほど

（またはそういう一面を垣間見せる人ほど）人気が出るのは、彼・彼女たちはミラーリングしやすい瞬間やイメージを人々に提供しているからだろう。そして、なぜ人はミラーリングが好きなのかというと、それは脳の一部に埋め込まれている機能であり本能だからだ。おそらく、それを通して誰かと一体感を得ることは人間にとって気持ちがいいことなのである。共鳴や共感が人を熱狂させやすいのは、なによりもまず、快感だからなのだ。

この快感は、まだ言葉がうまく喋れない幼児たちですら知っている。保育園で昼食時にそれぞれの保護者が詰めてきたランチボックスを開けたとき、同じメーカーのヨーグルトが入っているのを見つけて「同じ、同じ」と言って喜ぶ子どもたちの姿、水着に着替えさせているときに同じ柄の下着を着ていたのを見つけて喜び、その後、なぜか仲良くなる子どもたちもいる。人間は他者とも「一緒」だとうれしいのだ。それは、仲間はずれにされたくないという危機回避本能ともつながっているのかもしれない。

しかしながら、それとは対照的に、非常に少数ではあるが、「同じ、同じ」に背を向ける子どももいる。みんなが「○○と僕は同じ」とか「○○と同じにする」とか言って工作の厚紙を同じ色の絵の具で塗り出すときに、一人だけ厚紙をジョキジョキとハサミで切り出す子がいるのだ。こういう子がいた場合、「最初は絵の具を塗ってね。一人だけ違う順番でやられると面倒だから」などと英国の保育士は叱ってはいけないことになっている。人間のクリエイティヴィティの芽生えは「他の人たちとは違うことをやってみよう」と思うことにほかならないと保育士養成コースで教わるからだ。このような子どもの行為は、ミラーリング本能に抗う行為だ。他者との同一感による安易な快感を拒否する行動とも言えるし、楽なほうに流れない孤高のスタンスとも言える。ジョキジョキ厚紙を切り始めた子どもは、「同じ、同じ」と他者との共感に酔うのではなく、他者の群れやその場の空気に流されず、自分の手と頭を使って困難を切り開き、自らの作品を生み出そうとする。これは浅瀬でのわいわい感とは違う、困難と満足感に満ちた深い創作経験であるはずだ。たとえそれが3歳児だとしても。

レベッカ・ソルニットが「楽しいか、悲しいか」よりも「深いか、浅いか」が重要だと書いたのは、創造性に関する記述ではなく、災害時の話だが、それでも災害には「それまでの秩序を転覆させ、新しい可能性を切り開く」力があるという彼女の主張を読めば、これもまたオルタナティヴな社会を創造しようとするクリエイティヴな能力の話だ。

もちろん災害は痛ましいことであり、その被害にあった人々は大きな苦しみを体験する。メディアは、その被害の輪の中心にいる亡くなった人やその遺族などのごく少数の人々に焦点を当てて報道する。しかし、その中心の外側にはより多くの人々が存在する。それほどの被害は受けていないが、日常生活から寸断されてしまった人々だ。

災害時の相互扶助が「稲妻の閃光のように平凡な日常生活を輝かせ」るのはこの部分だとソルニットは言う。人々はインスタントの救助隊や避難所、スープキッチンなどの支援場所を作って、速やかに互いを助け合い始める。既存の秩序はもうあてにならなくなるからだ。政府や官僚のようなエリート集団は、これまでの秩序が機能しなくなることにパニックを起こし、ビビって的確な判断ができなくなるが、災害が起きた現場では、信じられないような知恵とクリエイティヴィティを発揮して、地べたの人々が新たなコミュニティを作り、生き生きと動き始めるのだ。

当たり前だが災害が起きると生活は不便になり、快適ではなくなる。「楽しいか、悲しいか」の基準でいえば、楽しくはないし、悲しい体験が増える。だが、そのネガティヴな環境の中で、互いに生き延びるために自然発生的な相互扶助のネットワークが生まれ、見知らぬ人々と友人になり、惜しげなく物資を分け合い、思いもしなかった自分の回復力に驚かされる経験から得られる感情は、「楽しいか、悲しいか」の尺度ではとても計れない。そしていままで見たことのない「何か」が生まれるのはこの深い感情が支配する領域なのだとソルニットは言う。彼女は災害時のユートピアをこう表現する。

人々が互いを救助して気にかけ合い、食料は無料で与えられ、生活はほとんど戸外のしかも公共の場で営まれ、人々の間に昔からあった格差や分裂は消え去り、個々の直面している運命がどんなに厳しいものであっても、みんなで分かち合うことではるかに楽になり、かつて不可能だと考えられていたことが、その良し悪しに関係なく、可能になるか、すでに実現していて、危機が差し迫っているせいでそれまでの不満や悩みなど吹っ飛んでしまっていて、人々が自分には価値があり、目的があり、世界の中心だと感じられる――そんな社会を。

もちろん、こんなミラクルのような経験は一瞬のもので、一過性の特別な状況である。だとしても、ここで立ち上がる尺度――「深いか、浅いか」「豊かか、貧しいか」――を忘れるべきでない理由は、それは個人的なだけではなく、社会をより良いものにしていくためにも重要な尺度だからだ。

ソルニットがクラインに向けた批判

ところで、『災害ユートピア』の中には、ソルニットがナオミ・クラインの『ショック・ドクトリン』（幾島幸子他訳、岩波書店）に言及した箇所が出てくる。

『ショック・ドクトリン』は、エリート層が利益を得るように構築された経済が、災害などの緊急時において、いかに一般庶民を食い物にするかについて痛烈に暴いた本である、という一定の評価を下した後でソルニットはこう斬り込んでいく。

彼女は、災害を「わたしたちが心理的にはよりどころを失い、物理的には生活環境を根こそぎ奪われたときに、どうにでも利用される瞬間を作り出す」ものととらえ、最近に起きたある災害を「重度の見当識障害と極度な恐怖と不安、集団での退行現象」を生み出した拷問に近いものとして描いている。これは左寄りの著者の手になるものとしては驚くほど幻滅させられる描写であり、戦前のイギリス政府の不安をそっくりまねた、明らかに調査ではなく、思い込みから生じた産物である。同書の出版記念の公開討論会では、極端な危機においては「わたしたちはもはや自分が誰であるか、どこにいるかもわからなくなります。子供のようになり、父親を捜すのです」と言っている。

「緊急時にパニックを起こして子どものようになり、父親を捜して集団退行する庶民たち」というクラインの前提が間違っているとする根拠を、ソルニットは、現代災害学の大家、チャールズ・E・フリッツの研究に見出した。

米国ミズーリ州出身のフリッツは、第二次世界大戦の間、米国陸軍航空隊大尉として英国に滞在していた。開戦後5年が経って英国に彼が到着した頃には、慢性的な食料と衣服と住居の不足で、英国の人々の生活は窮乏していた。人々は疲弊し、パニックに陥り、怒りと不安と絶望に突き動かされて「個人的にも社会的にも士気の喪失を表す振る舞い」をしているものと考えていたフリッツは、現地で見た英国の庶民の姿に度肝を抜かれる。「実際には国中で輝かんばかりに幸福な人々が最大限に人生を楽しみ、驚いたことに、快活さと人生に対する愛を謳歌していた」からだ。

第二次世界大戦中の英国の庶民の逞しさは歴史上の事実であり、英国ではしばしば「BRIT GRIT（ブリット・グリット：英国人の困難に立ち向かう気概）」という言葉で表現されている。歴史学者のセリーナ・トッドも『ザ・ピープル　イギリス労働者階級の盛衰』（近藤康裕訳、みすず書房）の中で、第二次世界大戦はそれまで二級市民扱いされていた庶民（すなわちピープル＝労働者階級）が初めて社会の主役に躍り出た時期だったと書いている。

が、1940年の時点では、英国政府は労働者階級に対して完全に上から目線で、貧しい階級の人たちは自制心に欠け、暴力的なので、戦時中にはパニックを起こして逃げまどい、国を混乱状態に陥れるのではないかと本気で考えていたのだ。だから『敵が侵攻してきたら』というリーフレットを各家庭に配布したり、都市部の子どもはすべて疎開させる政策をとって、ヒステリックな状態が起こらないよう対策を講じた。

ところが、緊急時に英国の地べたの人々は真価を発揮し始める。彼らは落ち着いて互いを助け合い、明るくジョークを飛ばし合いながら、一丸となって危機を乗り越えようとしたのである。英国の人々は、いまだにこの時代の「ブリット・グリット」を誇りに思っていて、コロナ禍の最中に行われたエリザベス女王のスピーチで『We'll Meet Again』という戦時中の流行歌の歌詞が引用されていたのにも、あのときの庶民が見せた、非常時における冷静さと不屈の精神を思い出せというメッセージが込められていたのだった。

フリッツは、終戦が近づくと、ドイツ市民に対する空爆の有効性を調査する準備をしていた部署に配属された。そこでも彼はドイツの人々の士気がけっして損なわれていなかったことを目撃する。英国の人々の爆撃への冷静な反応は英国人の特殊な気質やプライドのせいとされ、ドイツの人々の士気の高さは揺るがぬ服従心のせいだとされた。だが、フリッツはそれではすっきりしなかったのだろう、除隊後は、災害時行動研究に打ち込むことになる。

1961年に発表された論文で、フリッツは、それまで信じられていた災害時の人間の行動とは、集団パニックを起こし周囲への思いやりを完全に失って他者を踏みつけにし、パニックが少し収まるとヒステリーを起こすという紋切型のものだったと指摘している。また、別のステレオタイプとして「災害により、人々は外部からの指導と組織化に完全に依存した放心状態の無力な群衆と化す」というのもあった。

クラインの『ショック・ドクトリン』は、まさにこれと同じ思い込みを継承しているとソルニットは指摘した。ソルニットは、庶民は本当にそれほど愚かで受動的で無力な存在なのか、と異議を唱えたのである。

フリッツやソルニットによれば、庶民は非常時にこそまっとうな「個人の責任」を認識し、平時には政権やエリートたちに押さえつけられていた「主体性」を発揮して、自主的に地域社会を回し始める。

その理由を、フリッツは「日常生活はすでに一種の災害であり、実際の災害はわたしたちをそこから解放する」からだと解き明かした。日常的に経験される喪失や欠乏、危険な出来事はそれぞれの人間の上にばらばらに発生する。しかし、緊急時にはそれが広く共有されることにより、サバイブした者たちの間に親密な連帯感が生まれ、社会的孤立が解消し、心理的・物理的な助け合いが生まれて安心感と信頼感に心が満たされる。それはふだんの秩序とは違う、フリッツによれば「〝アウトサイダー〟が〝インサイダー〟に、周辺にいた人が中心的な人物になる」世界だ。

これは価値観のシフトにほかならない。

例えば、ロックダウン中の英国でも同様の現象が見られた。ふだんは低賃金で目立たない地味な仕事をしている労働者たち（スーパー店員、ゴミ収集員、看護師、介護士、バス運転手など）が、「キー・ワーカー」と呼ばれて英雄視された。テレビでもネットでも、「サンキュー・キー・ワーカーズ」のメッセージが繰り返し流され、毎週きまった時間に彼らに拍手を送る習慣が続いた。

まさに、周辺にいた人々が中心的な存在となったのだ。ブルーカラーの労働者たちが、緊急時の社会を支えるかけがえのない人たちになった。こうした価値観のシフトが起こる理由について、フリッツは、「以前には可能でなかった明白さでもって、すべての人が同意する、内に潜んでいた基本的な価値観に気づく」からだと述べる。そして、「これらの価値観が維持されるためには集団での行動が必要であること、個人とグループの目的が切り離せないほど合体している必要があること」を人々は災害時に知るのだと書く。ふだんは合致しない個人と社会のニーズが、非常時には合致するのだ。そしてそこでは、人間に対する分類的な見方は抑えられ、互いを思いやり、人々は親切になる。このことが日常の疎外感や孤独感を一時的に解消してくれるのである。

しかし、ここで疑問が湧いてくる。もしも人間の内側に、「すべての人が同意できる基本的な価値観」が潜んでいるのだとすれば、なぜそれは平素の状況では表出しないのだろう。そして、非常時において個人と社会のニーズが合致するとすれば、ふだんの状況ではそれらは合致せず、往々にして対立し合っているのはなぜなのか。どうして緊急事態が発生しないときには、人間に対する分類的な見方や偏見が存在し、分断や対立が深まり、人は疎外感や孤独感とともに生きることになるのだろうか。

トレランスとエンパシー

一つには、災害時に発生する問題のほとんどは単純であるということが挙げられる。救助や支援、助け合いの場では、解決法（瓦礫に埋もれた人を掘り出す、スープを作って空腹の人々にふるまう）も自分の役割も明確なので、複雑で曖昧で何が問題の本質なのかわからない平時のイシューと向き合うよりもある意味では簡単だ。

平素においては激しい論争となるような解決法の違い（例えば経済やイデオロギー）が、危機のときには後回しになる。目の前の人を助けることが最優先であり、他のことはいったん忘れましょうとなるからだ。言い方を変えれば、人は自分の思想や信条というふだん履いている靴を脱ぎ、他者の靴を進んで履き、他者が必要なものを与え、他者が生き延びることを可能にしようとする。

興味深いことに、この他者の生存を助ける行為は、けっして利他的とは言い切れないとソルニットは分析する。彼女は、利他主義と民主主義について書いた本『サマリタンのジレンマ』（デボラ・ストーン著）から次の部分を引用している。


利他主義者たちの証言から、驚くべきパラドックスが浮かび上がった。彼らの多くが利他主義的な行為を自己犠牲とは見ていない。むしろ、ギブとテイクが同時に起きる相互的な関係だと見ている。他の人々を助けると、彼らはその人たちとの間に連帯感を得る。人に何かを与えたり、人を助けたりすることは、彼らに、彼ら自身より大きい何かの一部であるという感覚を与える。他人を助けると、自分は必要とされている価値のある人間で、この世での時間を有効に使っていると感じさせる。他人を助けることは、生きる目的を与えてくれる。

災害時には、利他的になりたい人の数が急増し、利他主義者になりたいという人々の要求が切羽詰まったものになるとソルニットは言う。これは、自分の生活や生命が脅かされる経験の中では、生きる目的が必要であり、「楽しい、悲しい」の次元を超えた、深く濃い時間を過ごさなければ、自身のサバイバルも難しい状態に人間が陥るからだ。だからこそ、ソルニットは言う。9・11事件の発生後、「ニューヨークの通りという通りは、何か与えられるものはないか、（中略）なんとかして意義あることができないかと探し回る人々であふれ返った」と。

しかし、平時の「共存」とも「共生」とも違う、緊急時の「共生存」のユートピアは日常が戻ってくると姿を消す。代わりに表出してくるのは、対立である。それぞれが生存の危機を感じない状況では、人間は相互扶助をやめてしまう。どこかに助けが必要な人はいないかとストリートをうろつくことをやめてしまうのだ。

分け隔てない扶助を重んずる社会を作ろうとしていた人々が、不寛容きわまりない形相で互いを貶《おとし》め、「自分とお前は違う」という事実を憎悪してバッシングすらし合うようになる。このような現象は、何も新しいことではなく、昔からあったことのようだ。それが強く出てくる時期とそうでない時期があるに違いない。第二次世界大戦終結から6年が過ぎた1951年に、渡辺一夫が発表したエッセイ、「寛容《トレランス》は自らを守るために不寛容《アントレランス》に対して不寛容《アントレランス》になるべきか」を読むとそんなことを考えてしまう（『ちくま日本文学全集　渡辺一夫』ちくま文庫）。

渡辺は、「過去の歴史を見ても、我々の周囲に展開される現実を眺めても、寛容が自らを守るために、不寛容を打倒すると称して、不寛容になった実例をしばしば見出すことができる」と書き、これは悲しくも呪わしい「人間的事実の発生」だと嘆いている。そして、契約や法は、人間が弱肉強食を浄化し、死闘の悲惨から前進する意志をもって作ったものだが、嘘をついたり、人を殺したりしてはいけないという契約と同じように、寛容が不寛容に対して不寛容になってはならないという新たな契約が必要だとまで書いている。渡辺は当時の「人間的事実の発生」によっぽどうんざりしていたのだろう。

しかしまた、様々の契約ですら、本来は社会全体の調和を求めるために作ったものであるにもかかわらず、それを笠に着て暴力的になる者が存在すると渡辺は指摘する。「例えば、むやみやたらに法律を楯にとって弱い者をいじめる人々、十字路で人民をどなりつける警官などは、有用なるべき契約に暴力的なものを附加する人々と言ってもよい」という記述があるが、これなどはコロナ禍の日本で見られたという自粛警察的な言動や、ブラック・ライヴズ・マターの運動が再燃するきっかけとなったミネアポリスでの事件を髣髴《ほうふつ》とさせる。

渡辺は言う。秩序を乱す人々の中には、その秩序の欠陥を他の人々より強く感じさせられていたり、その欠陥の犠牲になって苦しんでいる人がいるのだということを、現存の秩序が必要だと思っている人ほど肝に銘じておかねばならないのだと。なぜなら、「秩序を守ることを他人に要求する人々は、自らにとってありがたい秩序であればこそ、正に、その改善と進展とを志さねばならぬはず」だからだ。自らにとって必要なものであればあるほど、それが他者に与える影響をよく考え、改善の余地があることを謙虚に認識し、必要があれば変えていかないと秩序そのものがポシャるぞ、という、もっともなことを言っているのだ。ここでも、他者のことを考えることが実は自分のことを考えることなのだという事実が立ち上がってくる。

渡辺は、寛容の宗教だったはずのキリスト教がいかに不寛容になり、教条的になって異端を迫害し、殺し合うに至ってしまったのかを例にとり、「キリスト教の人間化」を試みた中世の人々の思想に目を向ける。彼は「人間化」の思想についてこう書いている。

自分も含めてあらゆる人間が、うまく世を渡れるようにと念願をしただけなのである。あらゆる人間がうまく世渡りができることを願うのがなぜいけないであろうか？　その上、「世渡り」などという変な匂いのする言葉を、僕は、わざとここで使っていることも判ってほしい。

この記述を読んで思い出したのが、デヴィッド・グレーバーの『民主主義の非西洋起源について』だった。グレーバーは机上の民主主義ではなく、実践としての民主主義について、それは国家という枠組から離れた、まったく違う文化や伝統、経験をもった人々が共に生きている「あいだ」の空間で立ち上がってきたものであると書いた。そしてそれは綿々と続く西洋の思想史や伝説的な文学者などとは関係なく、海賊船やインド洋の交易コミュニティ、アメリカ先住民の諸族間連合などが実践していたものだったと説く。なぜなら、こうした場では、「それぞれに異なる伝統と経験を持った多種多様な人びとが、互いに折り合いをつけていくために何らかの方法を見つけ出さざるをえない」からだった。

民主主義は、違うグループ同士が闘ってどっちが強いかを決める弱肉強食制度でも、どっちが正しいかを決める劣肉優食制度でもない。多様な思想や宗教や生活習慣を持つ人々が出会う雑多な場所で、すべての人々がうまく一緒に生きて行くために実践してきた民主主義が、二派に分かれて単にぶっ叩き合うことであるわけがない。それは違いが存在すること、相反する信条すら抱いていることを確認しながら、どこまでなら譲り合えるかを探り合い、擂り合わせる「あいだ」の空間での地道な会話の連続なのだ。

渡辺一夫は、不寛容に報いるために不寛容を以てなすことは、「寛容の自殺」だと書いた。自らも不寛容に転べば、不寛容を肥大させるだけなのである。そしてそれは世の中全体の不寛容の増加に与《くみ》することになる。

それでも不寛容は、一見すると筋が通った純粋なことに映る。自分の思想や仲間に誠実な態度に見えるし、勇気あるブレない姿勢にも思える。だからこそ、そちら側を選ぶ人は後を絶たない。他方、寛容を実践するには忍耐力が要るし、困難なわりには卑怯な態度だと思われやすい。これについて、渡辺はこう書く。

> だがしかし、僕は、人間の想像力と利害打算とを信ずる。人間が想像力を増し、更に高度な利害打算に長ずるようになれば、否応なしに、寛容のほうを選ぶようになるだろうとも思っている。僕は、ここでもわざと、利害打算という思わしくない言葉を用いる。

この記述は、人間が想像力（コグニティヴ・エンパシー）を増し、更に高度な利害打算（真に自分のためになるのは何かを考えた利己主義）に長じるようになれば、人は必然的に寛容を選ぶようになると言っているようにわたしには読めた。

第二次世界大戦という人的大災害が終わって6年後に記された渡辺のこの文章は、コロナ後の社会を照らすものでもあると思う。

第７章　煩わせ、繋がる

コロナ禍における網目の法則

実は、わたしは英国で最も早い時期に新型コロナのＰＣＲ検査を受けた住民の一人だった。

２０２０年2月初頭に日本へ行き、１週間ほど東京で仕事をして英国に戻ったら、数日後に発熱と咳の症状が出た。「以下の国々からの便で英国に入国する方で、到着後14日以内に発熱や咳などの症状が出た人は、ＮＨＳ（国民保健サービス）に電話をしてください」という貼り紙が空港のあちこちにあったのを覚えていた。そこに記された国のリストにはしっかりＪＡＰＡＮが入っていた。だから指示に従い、わたしはＮＨＳに電話した。

その頃、まだ英国でのコロナ感染者の数は一桁だった。が、わがブライトンには不気味な予兆があった。アジアに旅をして帰国した男性が英国人で最初の感染者となり、市内で感染が広がっていたからだ。しかも、その感染者の一人の職場をわたしは日本に行く前週に訪れていた。

クルーズ船報道で、中国に次ぐ「コロナのメッカ」的な扱われ方をしていた日本から帰ってきたばかりの人間が、「汚染地」扱いだったブライトンの感染者の職場も訪れていて、「熱があって、咳が出ています」と言ってきたのである。NHSから有無を言わさず自主隔離と検査を命じられ、すぐに検査を受けた。

検査の結果が出るまで、いろいろなことを考えた。自分がコロナに感染していたとしても、14日間家で寝ていればいいというだけで、特に恐怖感はない。

それより、とても面倒くさいことになったと思った。

その面倒くささこそが感染よりも不運なことに思えた。まだ学校が休校になる前だったので、息子の中学の教員に事情を説明して、検査結果が出るまで彼を休ませねばならない。日本に行っていた間に息子の世話をするため仕事を休んでもらった配偶者にも、また2週間も自主隔離してもらわねばならず、さすがにこれには彼も憤るだろう。

けれども何より気になったのは、日本に行く前、感染者の職場に行ったときに、帰りにジャガイモや牛乳を買って届けた近所のおばあちゃんのことだった。それでなくとも体が弱い彼女に感染させた可能性があるからだ。水道工事のために家に出入りしていた業者のことも思い出した。確か、以前、彼の妻には喘息の持病があると言っていたような気がする。そういえば、ブライトンからヒースロー空港までのシャトルバスで隣に座っていたアイルランド人の気さくな女性は妊娠中だった。英国と日本を往復した間に会った人々やすれ違った人々が次々と思い出された。そして彼らの一人一人に家族があって、同僚がいて、電車で隣に乗り合わせる人がいて、ショップのレジで前に並んでいる人がいると思うと、その人数はどこまでも増えていく。

わたしを起点として、目に見えない巨大な蜘蛛の巣が背後に広がったような感覚をおぼえた。

なぜか思い出したのは、吉野源三郎の『君たちはどう生きるか』（岩波文庫）で主人公コペル君が唱えた「人間分子の関係、網目の法則」だった。コペル君は粉ミルクを一つの例として、オーストラリアの牛から搾乳されたミルクが、遠い日本に住む自分の口に入るまでのプロセスを想像し、牛と自分の間には「牛の世話をする人」や「汽船から荷をおろす人」など、きりがないほど大勢の人間が存在していて、粉ミルクの生産と流通、消費を通して繋がっているのだと気づく。そして「人間分子は、みんな、見たことも会ったこともない大勢の人と、知らないうちに、網のようにつながっている」と考える。

この「網目の法則」は、マルクスが『資本論』の「第一章　商品」で書いた資本主義社会の商品論のサマリーのようなものとして知られているが、この法則と似たようなことがウィルス感染についても言えるなあ、と考えていたところで検査の結果が出た。わりと早かった。あの頃は、検査を受ける人はレアだったのである。

結果は陰性だったが、わたしのような健康きわまりない人間の場合にはふつうの風邪のほうがコロナよりもよっぽどきついのか、熱が下がらずしばらくは大変な目にあった。しかし、とりあえず、新型コロナ感染版の「人間分子の関係、網目の法則」は途切れた。病気になることより、網目がどんどん拡大していくことのほうが面倒くさいと思っていたので、イモと牛乳を届けたおばあちゃんや水道業者や東京で会った人々みんなに感染させたかもと心配する必要がなくなったことが何よりもわたしを安堵させた。

ちなみに、金子文子もコペル君のマルクス的気づきと同じようなことを『何が私をこうさせたか』（岩波文庫）に書いている。彼女は、その「ぞろぞろとつながっている」チェーンの中で搾取されている人間がいることを考察していた。子どもの頃に暮らした山梨の山間の小さな村の様子を観察し、彼女はこう書いた。「私の考えでは、村で養蚕ができるなら、百姓はその糸を紡いで仕事着にも絹物の着物を着て行けばいい。何も町の商人から木綿の田舎縞や帯を買う必要がない。繭《まゆ》や炭を都会に売るからこそそれよりも遥かにわるい木綿やカンザシを買わされて、その交換上のアヤで田舎の金を都会にとられて行くのだ」。

コペル君は粉ミルクという商品から、金子文子は繭という原料から、逆の方向からそれぞれ資本主義社会における経済活動のチェーンを想像したわけだが、この「ぞろぞろと続く目に見えない大勢の人々とのつながり」は、ふだんの生活ではあまり想起することはない。自分自身や自分の生活は他者のそれとは切り離されたものであり、消費や生産も単独の行為として考えがちだ。

１９３７年に出版された『君たちはどう生きるか』のコペル君や、１９２６年に獄中死した金子文子がマルクス的に経済を通して不可視の人々との繋がりを理解したとすれば、２０２０年のわたしたちは新型コロナウィルスを通してそのことを実感として捉えるようになったのではないだろうか。

わたしたちは孤立しているように見えて、実は全然そうではなかったのである。

フェビアンの理想、左派の党派性

コロナ報道が連日続く中で（たいして話題にもされずに終わったが）、英国労働党に一大スキャンダルが持ち上がった。英国労働党の反ユダヤ主義疑惑に関する調査報告書が流出したのである。

コービン前党首時代の労働党は、特に後期になればなるほど党内の反ユダヤ主義者が取り沙汰され、党員の差別的な言動によってユダヤ系の人々が苦しんでいると批判された。この問題に対する党指導部の対応が不十分として離党した議員たちもいて、労働党元副委員長のマイケル・ダガーは、労働党は「組織として反ユダヤ的だと思う」と述べ、ユダヤ人に対する敵対行為を労働党が一貫して容認してきたとさえ発言した。２０１９年12月の総選挙の前には、英国のユダヤ教正統派を束ねる首席ラビが、労働党は反ユダヤ主義の根絶のために尽力していないと批判し、大きなニュースにもなった。

こうした世論の高まりを受け、英国の平等および人権委員会（ＥＨＲＣ）は労働党内の反ユダヤ主義疑惑の調査を行った。が、その報告書が流出し、コービン党首時代の労働党の党派性（党内党派性というのもおかしなコンセプトだが）剝き出しの内紛の全貌が明らかになってしまった。

労働党内で反ユダヤ主義的言動を取り締まり、調査すべき党内のガバナンス・法務部のスタッフの中に反コービン派が多く、彼らがわざとまともに仕事をしなかったというのである。当該文書にはこう書かれていたと英ガーディアン紙（２０２０年4月12日）が報じている。

ＧＬＵ（ガバナンス・法務部）の職員や、ＧＬＵを管理し監督する立場にある幹部職員たちを含む多くの職員たちが、ジェレミー・コービンが党首であることに激しく反対していて、やる気をなくしていたか、または派閥的な計略を進める仕事に大いに関心を持っていた。

極端になると、職員の中には、労働党にとって悪いことが起きれば起きるほど喜ばしいと考えている者たちもいた。なぜなら、それがジェレミー・コービンを党首の座から降ろすことになるかもしれないからだ。

これだけでも、（いずこも同じ）派閥政治の幼児性を感じさせるに十分だが、当該文書には、労働党幹部たちがチャットアプリWhatsAppでやり取りしたメッセージの内容も書かれていたそうで、コービン派の党職員たちを「トロツキー主義者」「ドラキュラ」と呼んだり、女性職員のことを「気の触れた女」「牛の顔をしたビッチ」などと表現していたという。

労働党はいちおう左派政党ということになっているので、職員たちにも「差別とかそういうことはいけないよね」と考えている人が多いはずであり、そうであれば反ユダヤ主義は由々しき問題であると認識するのがふつうだろう。それなのに、党内党派性に目がくらみ、反ユダヤ主義という深刻な疑惑の調査をわざと適当にやり、むしろ差別が党内に蔓延して世間から叩かれたほうがいいぐらいに思っていたとすれば、まったく党派性というやつは人を狂わせる。

コービン時代の労働党で影の財務相を務めたジョン・マクドネルのような人は、このような愚かしい内紛がなければ、いまごろ英国の状況はまったく違うものになっていたと嘆く。だが、そんなことをいまさらぐずぐず言ってもしかたがない。それよりも、このスキャンダルが「いま」明らかになってしまったことのダメージをもっと深刻に考えるべきだ。

ロックダウンが段階的に解除されてウィルス感染への恐れが落ち着いてくると、人々の関心はいっせいに経済に向くことになる。すでに「モラル・エコノミー」という言葉もさかんに耳にする。英国では、毎週木曜日の午後8時に「キー・ワーカー」への感謝の拍手を送る習慣が3月末から続いている。ヒーローのようにもてはやされている看護師や介護士やスーパーの店員やゴミ収集職員たちは、社会的価値の高い仕事をしているのに、その労働の市場価値はグロテスクなほど低い。そのことに今回のことで多くの人々が目を向けるようになった。

　野心と能力主義という言葉で正当化されてきたサッチャー以降の新自由主義経済の在り方に、新型コロナウィルスは風穴を開けた。「この道しかない」ってのはけっこう嘘だったよね、ということに人々が気づいたからだ。なぜなら、ウィルス感染が広がったことで、止まるはずがないと思っていたすべての活動が一気に止まったからだ。ふだんは「仕事に行け」と言われている人々が突然通勤するなと言われ、給与の8割は国が補償するなどという太っ腹なことを言われた。平素は「学校を休んではいけません」と言われている子どもたちも「学校に行ってはいけません」と言われ、何カ月も家の中に閉じ籠った。

　結果、わたしの住むブライトンなどは60%も二酸化窒素の排出量が減って、空気は澄んでいるわ、空は青いわで、いったいどこの国に住んでいるのだろうと思うほどだ。「灰色の霧深い国、イギリス」の風景は、あれは要するに大気汚染のせいだったのである。そう言えば、80年代や90年代のまだわたしが若かった頃、一日中ロンドンの街を歩き回って鼻をかんだりすると黒い鼻水がティッシュについたものだったが、事態はそれほど改善されていたわけではなかったのだ。

保守党のボリス・ジョンソン首相は、ゴリゴリの新自由主義と緊縮財政の時代はもう終わったことにかなり前から気づいていた。だから2019年12月の総選挙でも、財政支出の拡大、特にNHSに投資を行うことを繰り返し喧伝した。今回のコロナ禍でも、最初は集団免疫の獲得を狙う路線を取ったが、あまりにそれが不人気だったので路線を180度変更し、そうこうしているうちに首相自らがコロナ感染で入院するという事態になり、療養中に世話になった医療関係者を激賞しながら「社会というものは存在する」と言った。これはサッチャーが言った「社会などというものは存在しません」を裏返した言葉である。ロックダウン中の英国社会のムードを鑑みて、何を言えば人々にウケるかということを知り尽くした発言だった。

だが、この考え方は伝統的に労働党のものだったはずだ。この分野では、労働党は豊かな歴史的リソースを持っている。19世紀のウィリアム・モリスまで遡り、後にR・H・トーニーが発展させた倫理的社会主義は、コロナ禍を経た英国の人々に広く支持されそうな思想だ。商業的、個人的利益ではなく、社会的目的を優先させる経済の重要性を説いたトーニーは、フェビアン協会の第二世代の思想家だった。フェビアンたちは、教条主義的なマルキシズムのソ連型国家社会主義ではなく、漸進的な社会改革によって社会民主主義を実現しようとした。労働組合と並ぶ労働党の支持基盤の一つであり続けたフェビアンたちの「共有」と「友愛」の精神は、コロナ後の社会を生きる人々が求めるものになるだろう。

いい意味でも悪い意味でも人は一人では生きられないし、一人で生きているわけでもないことを人々が実感している時代、モリスやトーニー的なものが復活しそうな時代だからこそ、当の労働党が内紛スキャンダルで揺れているのは致命的だ。人々が、フェビアン的な友愛の理想を経済や政治に注入させなければならないと気づいたとして、その本家本元であるはずの労働党が「牛の顔をしたビッチ」だの「ドラキュラ」だの言って揉めているようでは、どんなに人道的なことを言っても有権者は信じない。

「シンパ」のオリジンはシンパシー

英国労働党のスキャンダルについて考えるにつけ、わたしが思い出すのは「シンパ」という日本語だ。いまでは使われることもほとんどないだろうが、昔は政治的党派性と「シンパ」という用語は切っても切り離せなかった。

いま考えてみれば、この「シンパ」こそ「sympathy」である。「シンパ」は「sympathizer（支持者、共鳴者）」の略語であり、そのオリジンは「sympathy」である。「シンパ」は「オルグ」などと同じように学生運動が盛んな頃に頻用された言葉で、ある特定の政治思想や運動、団体、人物などに賛同し、支持するという意味だ。「共産党のシンパ」とか「革マルのシンパ」とかいう風に使われていた。

オックスフォード・ラーナーズ・ディクショナリーズが言うところの、「ある考え、理念、組織などへの支持や同意を示す行為」「同じような意見や関心を持っている人々の間の友情や理解」というシンパシーの定義に忠実に使われていた日本語と言えるだろう。「同志」みたいな意味合いでも使われていた。

つまり、英国労働党は「コービンのシンパ」と「アンチ・コービンのシンパ」の抗争の醜さを露呈させて醜聞になったのであり、過剰なシンパシーによって撃沈したのである。

一方、新型コロナウィルスによって立ち現れている人道主義とは、相手が誰かで「区別はしない」。なぜなら、感染症は人種の違い、貧富の差、思想の違いとは関係なく、誰でもかかるものだからだ。災害時の助け合いは、敵だから見捨てるとか、味方だから救助するとかいう性質のものではない。これはシンパシーではなく、エンパシーである。実際、今回の新型コロナウィルス感染で他者に対する感覚が鋭くなったと思っている人は多いはずだ。

例えば、わたしは現在、自宅が改修工事中につき、仮住まいの身なのだが、毎週木曜日の夜に家の前に出て「キー・ワーカーへの感謝の拍手」をするうちに、だんだん近所の人々と顔見知りになってきた。近所の高齢者や基礎疾患のある人々の家に食材を届けるボランティア・グループも結成され、一人暮らしや夫婦だけで生活している高齢者、障害者のいる家庭などに定期的に電話を入れ、何か切れている生活必需品がないか聞いたり、雑談したりするサービスも行っている。車を運転しないわたしは、食品の調達や配達では役に立たないので、後者のほうに参加している。担当する家庭に電話して定期的に高齢者と話をしていると、これまで知らなかった人たちの知らなかった生活事情が見えてくる。戦前や戦中に生まれた世代に愛されている紅茶のティーバッグのブランドとかビスケットの種類とかがわかるようになった。そうなってくると、携帯電話の向こうにいる高齢者の背後に、無数の似たような状況にある高齢者たちの姿が見えてくる。いま、カスタードクリーム・ビスケットを食べたいのにスーパーに買いに行けないお年寄りが英国に何人ぐらいいるのだろうと思いを巡らすようになるのだ。

そんなある日、深夜に近所で大きな叫び声がした。ガラスの割れる音がそれに続いた。わたしと配偶者は思わず外に出た。わが家が仮住まいしているエリアはミドルクラスの新興住宅地で、半世紀も前から同じ家族が住んでいてみんな互いをよく知っている公営住宅地とはわけが違う。だが、それでも、わたしたちが外に出ると、向かいの家も、隣の家も、住人たちが前庭に出て来ていた。とりあえず、配偶者と隣家の若い父親、向かいの家の中年男性が3人で叫び声がした家の様子を見に行くことになった。結局、外に出られなくてストレスを溜めたティーンの兄弟喧嘩だったことがわかり、怪我をした息子を母親が緊急外来に連れて行くことになったが、彼らには病院に着けて行くマスクがなかったので、配偶者が家に戻ってきてマスクを数枚、持って行った。

なんとなくよそよそしく気取っていたストリートが、非日常な状況の中でいつもと違う貌《かお》を見せ始めていた。

人々は、コロナ禍をともに経験することで、「聞いたことを聞かなかったことにはできない」気分になっている。

guilt（罪悪感）とエンパシー

わたしがＰＣＲ検査を受けたときのことに話を戻そう。

あのとき、わたしの脳内で網目のように広がって行った見知らぬ人々との接触による繋がりは、何に端を発していたのだろうか。

もちろん、感染したら面倒くさいことになるというのが直接の原因だ。しかし、なぜ面倒くさいのか。それは自分が感染していたとすれば、接触のあった人々に自主隔離してもらわなくてはならないからだ。自分の感染の事実を知れば、「知っていることを知らなかったことにはできない」。

知らなかったことにしてしまえば、guilt——罪悪感——を感じるからである。もちろん、感染症にかかることは罪ではないし、単なる不運である。しかし、自分が誰かにうつしてしまったかもしれないと知りながら黙っていることは、罪の意識を伴う。

dolus eventualis という言葉がある。日本語にすれば、「未必の故意」だ。「確定的に犯罪を行おうとするのではないが、結果的に犯罪行為になってもかまわないと思って犯行に及ぶ際の容疑者の心理状態」と朝日新聞（２００８年10月２日朝刊）では定義されている。言い換えれば、故意に誰かを傷つける意図はないが、誰かを傷つけてしまうかもしれないと予見されてもリスクを冒し、それによってやはり誰かを傷つけてしまうことである。

仮にあのとき、わたしが陽性の検査結果を知らされ、それを黙っていたとしたらどうなるか。わたしと接触のあった人々が、知らずに基礎疾患のある人や高齢者と接触を続けるかもしれないのに、それを知りつつ知らぬふりをすることは、「感染が広がることが予見されても、黙っていることによってリスクを冒し、誰かを傷つける」行為だ。dolus eventualis である。

だが、陰性の結果が出てもそれは同じことなのではないか？　なぜなら、その後でコロナに感染してないとは誰にも言えないし、それを他者に感染させている可能性だってある。そしてこれは、検査を受けていない世界中の多くの人々にも当てはまるのではないか？　検査を受けていないので陽性か陰性かわからないのに、陽性だった場合には他者に感染させているかもしれないと知りつつ、わたしたちはスーパーに買い出しに行き、外で働き続ける。つまり、感染症が広がった社会では、ほとんどの人々が dolus eventualis の状態にあることを余儀なくされるのだ。

しかし、よく考えると、実はこれは平時でも同じだろう。わたしたちは、街の小さな書店が潰れて行くことや、倉庫で働いている人々がどのような非人道的な雇用条件で使われているのかを知りながら、いまだにAmazonで本を売り、本を買う。太平洋諸島の島国が少しずつ沈んでいくと知っていて車を運転する。国内で教育格差が広がっていると嘆きながら、評判の良い学校に自分の子どもを入れるために優良校の近くに引っ越して近隣の地価を高騰させ、低所得の家族が住めない校区にしてしまう。

でも現在のようなシステムを構築したのは自分じゃないし、たった一人で時流に抗ったところで何も変わらないから、と言い訳をしてみる。だが、そんな風に物事を俯瞰しようとしたところで、わたしたちが「知っている」という事実は変えられない。わたしたちは、みなコペル君の「人間分子の関係、網目の法則」の一部に組み込まれた存在であり、直接的ではなくても自分自身が誰かの搾取や、不当な処遇や、損害を引き起こすチェーンに参加していることを「知っている」のではないだろうか。

仮に、自分こそが常に誰かから搾取されていて、いついかなるときにでも被害者なのだと思い込むことができればこの「知っている」感覚は誤魔化せるだろう。だが、それほど人は強くない。坂口安吾の言葉を借りれば、「人間は可憐であり脆弱であり、それ故愚かなものであるが、堕ちぬくためには弱すぎる」（「堕落論」）のだ。

安吾のこの言葉から連想するのは、近年いろいろなところで耳にしていた破壊願望だ。こんな社会ならいっぺんチャラになったほうがいい。一度沈むところまで沈まないと、世の中は変わらない。こういう言説を、コロナ禍の前によく聞いた。何もかもぶっ潰してゼロから作り直そうというやつである。ちょっと考えてみれば、そんなことをすれば貧しい者や健康でない者、リソースを持たない者からぶっ潰れて行くことはすぐわかるのに、弱者を守る社会をとか言っていた人に限ってそんな言説に走って行った。

彼らはその原因を「絶望」だと言った。

が、実は「絶望」が原因ではないのではないか。人は「知っている」というguiltにだんだん耐え切れなくなってきていて、そのような重みには到底耐えられない可憐な人間のコレクティヴな無意識が破壊を選ばせてしまっていたとすればどうだろう。そうだとすれば、コロナ感染拡大危機のような非常時に、地べたの人々の助け合いのスピリットが「待ってました」とばかりに生き生きと立ち上がる理由も納得できる。

つまり、わたしたちはguiltから解放されたいのだ。エンパシーの能力が高い人ほどguiltは強い。遠くの見知らぬ人々の靴まで履こうとするともう先進国の人間は罪の意識を感じるしかないからだ。そんな社会では、できればエンパシーのことは忘れたい。そんなものはないほうが楽に生きられるからだ。しかし、災害時にはエンパシーが罪の意識を伴わないものになる。それは互いを生き延びさせるポジティヴな力になるからだ。guiltの意味をオックスフォード・ラーナーズ・ディクショナリーズのサイトで見ると、こう書かれていた。

自分は何か間違ったことをしたと知っていること、または思うことによって生ずるアンハッピーな感情

このシンプルな定義を読むと気づく。罪悪感とか罪の意識とか言うとひどくヘヴィだが、guiltとは大前提としてアンハッピーな感情なのである。

「助けなかった」というアンハッピーな気分に曇らされずに人生をハッピーに送りたいという欲望が人を利他的にさせるのだと考えれば、むべなるかなという気持ちになってくる。利他的であることと利己的であることは、相反するどころか、手に手を取って進むのだ。

迷惑をかける

ここまで英国で感じたことを書いてきたが、ネットで日本語のコロナ関連報道を読んでいると、ある言葉が繰り返し使われていることに気づかずにはいられない。

「コロナをうつされるより、うつしたら迷惑をかけるのが怖い。ここに住めなくなる」

（2020年5月11日　朝日新聞デジタル「コロナ禍、巣ごもる高齢者『このままでは寝たきりが』」）

「医療現場では恐怖感と責任感から『一人でも感染者が出ると、周囲に迷惑をかける』との

声を聞いた」

（5月12日　毎日新聞「医療現場にフェースシールドを　福岡大が3Dプリンター使い生産開始」）

「今回、新型コロナウイルスによる肺炎に罹患したことで多くの人々に迷惑をかけるとともに不快な思いにさせてしまったとして謝罪」

（5月13日　Yahoo!ニュース「石田純一が退院　なぜ非難の声が目立ったのか」）

「迷惑をかける」という言葉がやけに目につくのだ。ふと思う。日本語の「迷惑をかける」という気持ちは「guilt」のようなものなのだろうか。それが他者に及ぼす影響への恐れである点では、両者は似ているような気もする。

「迷惑をかける」という他動詞は、「bother」「incommode」「inconvenience」などの英語に訳される（英辞郎 on the web）。「bother」をオックスフォード・ラーナーズ・ディクショナリーズで調べると、「誰かを悩ませたり、心配させたり、怒らせたりすること」。誰かにトラブルや痛みをもたらすこと」と定義されている。「incommode」は「誰かに困難や問題をもたらすこと」、「inconvenience」は「特に自分が必要なものや欲する物事に関連する困難や問題」。つまり、迷惑をかけるということは、誰かに不快な気持ちや悩ましい不都合をもたらすことであり、心情的な影響を与えるという意味のようだ。確かに、誰かを殺して「故人に迷惑をかけました」と言う人はいないだろうし、そんな言葉を発されたら遺族は激怒するだろう。

そういう意味では、迷惑をかけるという言葉には「guilt」のようなシリアスさはない。だが、「うつしたら迷惑をかける」「感染者が出ると周囲に迷惑をかける」などの表現を見れば、日本では迷惑と「guilt」が直結しているようにも聞こえる。人に不快さや不都合を与えることを意味する「迷惑」という言葉と、「guilt」という重い概念が、ほぼイコールのような形で結びついているのだ。人を嫌な気持ちにさせることと、罪を犯したということはまったく別物なのに。が、「迷惑をかける」という表現では、この二つの概念がなんとなく曖昧にミックスされている。

このアンバランスで奇妙な現象について、ジャパン・タイムズのトマス・ディロンという寄稿者が「My sense of Meiwaku」という記事（2007年2月17日）にこう書いている。

過密で、グループ中心で、調和に取りつかれている日本で、メイワクは重要な言葉であり、幼い頃から子どもたちにたたき込まれるコンセプトだ。それに関連する言葉として、自己中心的であることを意味するワガママと共に。もしあなたがワガママなら、あなたは間違いなくメイワクだ。保育園や幼稚園からこのことについての教えはこうなのだ。ワガママであり、メイワクであることは悪いことです。

なるほど、人を不快にさせ、嫌な思いにさせることが「悪いこと」だと幼少期からたたき込まれていれば、それは罪悪感に結びつくだろう。悪いことをするのは罪だからだ。

前述のジャパン・タイムズの記事で、筆者の日本人の妻はこんなことを言う。

「私にとって、迷惑とは負担になることを意味する。他者を煩わせたくないから、迷惑にはなりたくない。生きる道とは不平を言うことじゃない。そうじゃなく、自分ができる貢献に集中すること」

筆者は多くの日本人がこのようなことを言うのを耳にしたそうだが、日本社会には矛盾が存在していると主張する。「集団、集団、集団と耳にするわりには、人々は基本的にひとり、ひとり、ひとりで生きている」と。彼は妻にこう反論したそうだ。

「なんだかんだ言っても、いいんじゃない？　ちょっとぐらい迷惑でも？　誰だってときには甘やかされないといけないし、他者のことを我慢するということは、彼らも君のことを我慢しなきゃいけないということだから」

「迷惑をかけたくない」という日本独自のコンセプトは、一見、他者を慮っているようで、そうでもないのだろう。人を煩わせたくないという感覚は、ここに書かれている通り、人にも煩わされたくないという心理の裏返しだからだ。

互いを煩わすことを「悪いこと」とする社会は、表層的には他者のことを慮っているように見えても、実は誰ともかかわらず「ひとり」で生きて行く人の集団だ。つまり、これこそ「self-centered」、自己を中心とした世界で生きて行きたい人々の社会ということになり、そう考えると「迷惑をかけたくない」もあまり利他的には聞こえなくなってくる。

網の目のように広がる人と人の繋がりを想像し、人は一人で生きているわけではないということを知ることから生まれる罪悪感が「guilt」であるのと対照的に、「迷惑」は人間を他者から遮断させ、自己完結しなければならないと思わせる。前者は他者との目に見えぬ繋がりの認識に基づいているが、後者は他者と関わることを悪として、しないように気を付けている点で真逆と言ってもいい。

そう考えれば、シンパシー（他者への共鳴や同志感、同情）が党派的であるゆえにエンパシーを不能にするのと同様、「迷惑をかけない」という概念も遮断的であるゆえにエンパシーの機能をブロックするものだ。他者の靴を履ける人は、他者にも自分の靴を履かせる人でなくてはならないからだ。このような相互の関係性を成り立たせない概念や道徳は、実は人間本来の欲望に反していると主張したのがレベッカ・ソルニットだ。

彼女は、著書『災害ユートピア』で、人間は自然の状態に置かれると狼のように万人が万人と闘い始めるというホッブズの説に懐疑を向け、むしろ人間は国家の統治や平時の秩序が機能しない状況に置かれると、相互扶助を始めると唱えた。災害時になると、人は、他者とつながりたい、他者と助け合いたいという欲望に忠実になるのだという。

欲望に忠実になることとは、わがままに利己的になることであり、「自分がハッピーになりたい」と思うことだ。薄暗い罪悪感にさいなまれずに生きることがハッピーになる条件とすれば、人は利他的にならないと幸福にも楽にもなれない。煩わせ合い、ハッピーになりたい欲望のままに他者と繋がる。これはアナキズムの相互扶助の精神にもっとも近いものだ。「迷惑」という言葉で他者との繋がりをシャットアウトする文化は、幸福にもアナキズムにも背を向けている。祖国の人々は、もっとわがままになって他者の靴を履くべきなのだ。

第8章　速いシンパシー、遅いエンパシー

おばさん問題

少し前に、日本の某テレビ局からリモート出演の依頼を受けた。

もともとテレビに出るのが嫌いだからできればぜんぶ断ってしまいたい著者を説得にかかったのは、某出版社の某担当編集者だ。『82年生まれ、キム・ジヨン』という本を手がけたこともあるこの編集者は、メールにこう書いてきた。

「私は企画書を読んで『おばさんのどこが悪いんだよ！』と思いました」

「『おばさん』という言葉が日本では、『なに、このおばさん』というように使われる、図々しいよくないイメージになってるのはおかしいと思います」

添付された企画書を見てみると、確かにそれは女性著者を怒らせて出演させる（あるいは女性編集者を怒らせて著者に出演を説得させる）意図があるのかと思うような内容であった。曰く、おばさん問題には女性が抱えるモヤモヤが凝縮されており、「女房と畳は若いほう

がいい」という諺にあるように、「女性は若さに価値がある」という「若さ至上主義」が日本社会には蔓延《はびこ》っているというのだ。はたと気づいた。しかし、そもそも畳の上で四半世紀近くも生活していない人間に何を喋れというのだろう。

だが結局、浮世の事情により出演することになってしまい、そのオンラインのインタビューでわたしがお話しさせていただいたのはこういうことだった。「おばさん」という言葉そのものに悪い意味合いは入っていないので（例えば「バカ」とか「屑」とかいう枕詞はついていない）言葉自体に罪はなく、その周囲につけられたイメージが悪いのは明白である。例えば、平成から令和に日本の元号が切り替わったとき、多くの文筆家がそうであったように、当方にも「平成という時代を総括してください」みたいな原稿依頼があったのだが、わたしは平成のほとんどを日本の外で暮らしたのでよくわからない。それでベタではあるが新語・流行語大賞のリストを平成元年から追ってみた。すると、平成の最初の年に流行語部門金賞を取ったのは「オバタリアン」で、「セクシャル・ハラスメント」という言葉も同年に新語部門金賞を受賞していた。さらに、平成30年にあたる2018年の新語・流行語リストには「#MeToo」が入っていた。つまり、平成という時代はセクハラに始まりセクハラで終わるのか、と感じたが、「オバタリアン」が平成元年の言葉だったことを見てもわかるように、「おばさん」という言葉は30年前からその周辺にネガティヴなイメージをつけられてきたのである。30年と言えば、おぎゃあと生まれた赤ん坊が社会に出て、そろそろ人生に疲れているぐらいの長さである。そんな長い月日をかけてその言葉の周りに悪いイメージを塗りたくられ、熟成させられてきたのだから、そんなものが一朝一夕で取り払えるわけもない。

とはいえ、個人的には「美魔女」のほうがよっぽどけしからん言葉だと思っている。なぜ中年の美しい人が「魔女」といった悪役のポジションになってしまうのかと言えば、それは家父長制を脅かすものになり得るからだろう。家父長制の存続にとっては、中年の女性は家庭で子どもを育てたり夫の世話をしたりする地味な良いお母さんでいてくれればいいのであり、年を取ってもきれいだったりすると、誰かに好きになられたり好きになったりして、恋をしてしまうかもしれない。これは家父長制にとっては脅威である。なぜなら、お父さんがお母さんを安心して支配できなくなるからだ。おそらく、中高年に達した美しい人を「魔女」だの「化け物」だの呼ぶ風習は、その辺から来ているのではないか。それに比べれば、「おばさん」という言葉のほうがまだ清らかに使われ得る可能性を秘めている。

そういえば、「おばさん」と対になる言葉に「おじさん」というのがある。

わたしは英国で保育士の資格を取った人間であるが、そのときに繰り返し教わったのは、子どもや若者は成長する過程で、親ではない大人と触れ合い、会話することが大事ということだった。日本では数年前、吉野源三郎の『君たちはどう生きるか』という小説がリバイバルして売れたと聞いているが、あれにしても、主人公のコペル君を導くのは父親ではなく「叔父さん」だ。また、英語では人生相談の仕事をしている女性を「Agony Aunt」、男性を

「Agony Uncle」と呼ぶが、これなど直訳すれば「苦悩の叔母（伯母）」、「苦悩の叔父（伯父）」ということになるけれども、要するに、悩みを相談できる叔母さん、または叔父さんのような存在ということになるだろう。人生相談に来る人たちがみんな血縁関係にあるわけもないので、やはり昔から、どこの国でも、親のように近すぎる関係ではなく、ちょっとした距離の保てる「おじさん」や「おばさん」が相談ごとを持ちかける相手として必要とされてきたということだ。

わたしは保育士だった関係もあり、さらに保育の師匠が特にそういう考えを持っていた人だったこともあって、子どもは社会全体で育てるものだと強く信じている。だから、社会には「おじさん」「おばさん」の存在が極めて重要だと思うし、そういう意味では、わたしも尻込みせずに進んでおばさんになっていきたい。

第一、日本は高齢化しているらしいので、もはや女性の半分は50歳以上になるとかならないとかいう話を聞いた。そうなってくると、いちいち「おばさん」と言ったとか言われたとかで、傷つけたり傷ついたりしていたら、ものすごく生きづらい世の中になりそうだ。「おばさん」使用禁止法でも制定して日本社会からその言葉を一掃できない限り、ここら辺で「おばさん」という言葉のニュートラル化をはかったほうが人々の幸福度を上げる意味で好ましいのではないか。

そういえば、わたしは以前、いろんな言語の翻訳者たちとオフィスをシェアしていたこと

があり、そこには英語を母国語とする日英翻訳者もいて、

「『おばさん』って、英語で何て訳したらいいだろう」

と相談を受けたことがあった。

「そうだねえ、何だろうね。そんな言葉、英語にはないのでは？」

「ふつうにa middle aged womanとかにするしかないのかなあ」

と二人で悩んだのだったが、そこでわたしたちが思いついたのが「lady」だった。例えば、通学中の児童が道路を渡るのを手伝ったりする、ロリポップのような大きな標識を持って横断歩道に立っている女性（それはほとんどの場合が保護者の一人）を、「a lollipop lady」と呼ぶ。日本のポリティカル・コレクトネス事情は知らないのでこの言葉を使っていいものかどうかためらわれるが、日本にも昔「緑のおばさん」という表現があった。「a dinner lady」と呼ばれる人たちも、わたしが日本にいた時代の（ポリコレ意識が希薄だった頃の）日本語では「給食のおばさん」と呼ばれていた。

このように、「lady」をおばさんと訳すことが可能に思える場合もあるのであり、「lady」というと何かエレガントで尊敬のこもったイメージに取られるかもしれないが、この言葉だって充分にネガティヴな響きを与え得る。

例えば、どこかの店に行って「体温計はありませんか？」と聞く。すると店員はその場所を知らないので、別の同僚に「ladyが体温計をお探しなんだけど」と尋ねる。そのとき、「え、

わたし、以前はMissとかgirlとか言われたのに、ついにladyと呼ばれる年になったのか」と衝撃を受けた、みたいな告白をしたママ友もいたのであり、「おばさん」だろうが「lady」だろうが、それがある一定の年齢以上の（つまり、もう20代や30代ではない）女性に使われる呼称だという概念が存在する場合には、等しく「衝撃を受ける言葉」になり得る。それはどこの国の、どんな言語でも同じことだろう。

「おじ文化」に対する「おば文化」

ここでテレビ局の女性制作スタッフが、実はこの企画のために街で中年の女性たちに話を聞いたのだが、みんな本当に真っ暗で「もうこの先何もない」みたいな絶望的な意見しか出てこなかった、みたいなことを言った。それでわたしは、そんなに落ち込む必要はないのではと申し上げた。

例えば、このわたしなど、本など出版されるようになったのはアラフィフになってからだ。自分がこの年になって物書きになっていようとは、30歳や40歳の頃には考えてみたこともなかった。明日、何が起きるかなんて誰にもわからない。だから、恐れずに突き進め、それしかない。

しかし、日本の女性がそこまで年を取ることに暗いイメージしか抱けないとすれば、それは日本のメディアの責任が大きいのではないか。英国にはクールな中高年の女性を主人公にしたドラマや映画とかがけっこうあって……。

というようなことを（たぶんもっといろいろ喋った）40分間から45分間にわたって話し続けたのだったが、そこは無名のライターの侘しさである。「出て来たと思ったらすぐ終わった」と知人が証言していた。テレビの取材動画の編集はネットの切り取り拡散作業に似ている。

わたしは英国在住なので番組を見ることはできず、よってどの部分が「切り取り拡散」されたのかは知らないが、放送当日、実に多種多様な反応がツイッターに上がっていた。「いやそんなことはわたしは言っとらん」という解釈の間違い、または、明らかに意図的な曲解に加え、「りんごは赤い」と言ったのに「りんごはバナナです」と言った（いやこれは物の喩《たと》えですぞ、念のため）ことになっているものまであったが、この「おばさん問題」と呼ばれるセクシズムとエイジズムの交差点は、日本の人々をこれほど沸かせるイシューだったのかといまさらながら驚いた。

特に（おそらくそこだけ切って流されたのだろうが）「わたしは進んでおばさんになりたい」という発言が問題視されているようだった。こういう人がいるから女性が生きづらくなると激しておられるつぶやきもあった（ところで、ツイッターという媒体は、「激する」という言葉と「つぶやく」という言葉の一見あり得ないマッチングを可能にした）。

これでふっと思い出したのは、「高橋源一郎の飛ぶ教室」というラジオ番組に菊地成孔《なるよし》がゲスト出演した回だった。番組の中で高橋源一郎が、植草甚一の『ぼくは散歩と雑学がすき』という本を紹介し、自分は「おじさん」のコンセプトを推奨したいのだと語っていた。そして伊丹十三による「おじさん」の定義を紹介し、親の価値観や物の考え方に閉じ込められている少年のところに、ある日ふわっとやって来て、親の価値観に風穴を開けてくれる存在、それがおじさんなのだと言っていた。

「親とか社会が教えてくれる正しいことじゃないことをいつも遊びながら教えてくれる人。それがおじさんなんです」

「僕たち（つまり日本社会）には、いま悪いおじさんが必要なんだ」

という高橋源一郎に、菊地成孔も「おじ文化」というものがあると返し、

「親に教わるんじゃない。友だちに教わるんでもない。おじに、まあ、おばでもいいんですけど、……女性にとっては『おば文化』でしょうね。それがまあ、失われちゃっていると」

とコメントしていた。

こんな風にロマンティックに「おじさん」を語れる男性たちと、「おばさんになりたい」と不用意に発言したら四方八方からぶっ叩かれる女性のギャップは大きい。

それこそが日本社会のジェンダー非対称性の証左なのですよと言えば、それはそうなのだが、しかし、昔からこうだったわけではない。お若い方々はご存知ないだろうが、例えば、

1970年代に山口百恵主演の『赤い疑惑』という人気ドラマがあって、あれには岸恵子演ずる「パリのおばさま」なるキャラが出て来た。あの役柄こそまさに、10代の山口百恵のよき相談相手となり、両親とは違う視野を彼女に与えるパリ在住の叔母（実は彼女を産んだ人だったと後でわかるのだが）だった。岸恵子のクールさに、われわれ子どもたちは「あんな女性になりたい」とため息を漏らした。17歳のアイドルではなく、中年のおばさんにみんな憧れていたのである。そう考えると、日本の「おば文化」だって昔は存在した。

承認欲求の向かう先

しかしながら、その失われた「おば文化」の残り香を嗅ぐことのできる往復書簡をいま読んでいる。『小説幻冬』連載中の上野千鶴子と鈴木涼美の「限界から始まる」だ。

2020年8月号掲載の「2．母と娘」では、まさに親ではない大人である（しかし親と同じ世代の）上野千鶴子に宛て、鈴木涼美が自分の母親についての考察を赤裸々に書き綴っている。

鈴木は亡くなった母親のことを、大学を出てしばらくBBCで通訳として勤め、資生堂の宣伝部でPR誌の編集をしていた「経済的にも教育的にも恵まれた環境で育った」女性と紹介し、「彼女自身が口にする思想はわかりやすくリベラルで立派なもの」だったと評する。

そして、彼女には専業主婦たちをやや見下していた部分があり、「奥さん」という言葉は学校の父母会で会うような「お母様たち」のことを意味するものであり、自分に向けられるべきではないと思っていたことや、「お母様たち」と自分とをはっきり分け隔てる差別感情を持っていたと書く。

さらに、専業主婦よりも母親が見下していたのは、性産業や水商売で「女」を商売に使っていた人々だった。「娼婦やホステスは、あらゆることを言葉で説明する彼女が、全く論理を放棄して否定するもの」だったと。

だが、鈴木の母親はそのように「女」を売り物にすることを嫌悪しながら、「ちょっと異常なほどのルッキズムの傾向」があり、「服にこだわりがあるとか、美しいものが好き、とかいうレベルではなく、明らかに男性の欲望の対象で居続けることへのこだわり」があったそうだ。そして「男性の目線を絶対に意識しながら実際に取引はしない」「スカウトはされたいけどスカウトには乗らない」タイプの女性だったという（ところで、鈴木の母親もきっと「おばさん」という呼称が嫌いだっただろう。それは一般的には「男性の欲望の対象」としての価値の減少を意味する言葉と取られているからだ）。そんな彼女の「男性目線で高い女であることに何よりも価値を置きながら、露骨にそれを金銭に換える女性を心底見下している」部分に鈴木は気持ちの悪さをおぼえた。だから鈴木は、自分が性を直接的に商品化する「夜の世界」に入ったのも、それは母親が理解を拒絶した世界だったからだと分析している。

一方、鈴木の書簡に応えて、上野は「あなたの母についての描写を読みながら、わたしは、もし自分にあなたのように聡明な娘がいたら、と想像するのを止められませんでした」と、まさに「おば目線」で書き始める。そして上野は、知的なエリート女性の「『わたしは別』意識」がルッキズムに行くことに不思議なことはないと指摘する。「女は小さいときからつねに男の評価の視線にさらされてきますが、男が評価するのは女性の知性ではありません、わかりやすい外見です」とし、米国のエリート女性のグループの中で、アンバランスなほどセクシーな服を着る女性たちを何人も見てきたと上野は書いている。そしてそれは、「わたしは女としてじゅうぶんに商品価値が高いが、決してそれを売らないし、売らずにすむものを持っている」と誇示するためのものであったと書き、「その『女らしい』外見は、おそらく男性向けのものである以上に、女性の世界におけるマウンティングのツール」なのだと述べる。

ここで話題になった「『わたしは別』意識」についての考察は、２０２０年11月号掲載「5.承認欲求」でさらに深く掘り下げられる。鈴木と上野は女性の承認欲求について意見を交換するのだ。

鈴木は、日本の少女漫画は多様化してはいるものの、「特別な何かになる機会、承認欲求が満たされる機会として恋愛が絶対的なものである点ではあまり変わっていません」と書き、少女漫画によくある「平凡な私が特別な私になるための『恋の成就』」としての「つきあう」という行為は、強烈な自己肯定感と承認欲求を満たす物語だったと自分の過去を振り返りながら分析する。そして、そのように少女漫画で究極の承認欲求を満たす道具としての恋を学んできた女と、AVで性を学んだ男が、互いを自分の文脈に引き込もうとする「恋愛」というものの成立は、そもそも本来的に無理なことに思えると。それよりも、セックス一つで何かを得られるという事実こそが若い頃の自分には重要だったと明かし、「自分のセックスが売り物になるという事実は、まだ何者でもない不安な若い女の安易な承認欲求を、都合よく好き放題に満たしてくれます」と鈴木は書く。

これに対し上野は、「社会的承認のもっともわかりやすい指標はお金」であるとして、フェミニズムは「わたしがわたしであるために、男の承認なんかいらない、と主張してきた思想」だったと説き、「今でも女は、自分の力で承認を獲得することができないのだろうか」と嘆いている。そして承認欲求とは受動的な欲求であり、エーリッヒ・フロムが「愛する」とは「みずから踏みこむ」能動的行為だと書いたことにも言及し、「能動的な行為こそ、自律の証」と鈴木に呼びかける。

ここで個人的に興味深かったのは、上野が「男が与える承認に依存して生きるな」と主張しているのに対し、鈴木は「恋愛に代替する承認欲求の向かう先」を指し示していることだった。鈴木はこう書いている。

恋愛に代替する承認欲求の向かう先が、インスタグラムの「Like!」だとしたら、売春以上にインスタントで、売春以上に他者と比較しやすい分、依存性は高い気がします。

シンパシーは待てない

SNSの「いいね！」は、以前もここで書いてきたように、シンパシー（またはエモーショナル・エンパシー）を表明するためのツールであり、自分にシンパシーを感じてくれた人が何人いるかを瞬時に測定するための道具だ。自分に共鳴・共感してくれた人（「ある、ある」、「わかる、わかる」）、または、好感を持ってくれた人（「きれい」「若い」なども含まれる）の数を知り、そのことで「ああ私も捨てたものではない」と自らの存在価値を実感でき、その実感がお手軽に得られるだけに依存性は高いだろうと鈴木は言っているのだ。

実際、ネットで何かを発信する方法もだんだんお手軽な方向に進んでいる。昔、ツイッターだの何だのが存在しなかった頃、ネットを使った発信手段は（自分でタグ打ちからやる）ホームページだった。その後は（タグ打ちする必要のない）ブログであり、みんな1000字を超える長文を書いたりしてPVの数を競い合った。そうこうしているうちにSNSが登場し、フェイスブックからツイッターへと字数がだんだん少なくなり、そのうちもう文字すらいらないビジュアル勝負のインスタグラムが流行したりして、だんだん制作に時間をかけず瞬時に「いいね!」が集められるフォーマットへとシフトしてきている。

共鳴・共感を意味するシンパシーは、感情的、情緒的な動きである以上、インスタントな反応として現れる。だから、「短く、速く」というネットの方向性がシンパシーとマッチしているのは言うまでもない。冒頭のテレビ番組に戻ると(というか、これはほとんどの日本のトーク番組やバラエティー番組に通じることだが)、わたしはある時期から日本のテレビ番組に日本語の字幕がついたことを非常に不思議に思っていた。これは欧州の国では見たことがない。外国語の字幕をつけるならわかるが、どうして聞けばわかることに字幕をつけて二重に同じ情報を与える必要があるのか解せなかった。高齢化が進んでいる国だから、音声が聞こえづらくなった人のため、または注意力や集中力をそらさないためにそうしているのかとも思った。しかし、よくテレビを見ているとそれは違うように思えた。

なぜなら、日本のテレビ番組の画面は(英国から日本に旅行したことのある人たちがよく言うことだが)「BUSY」だからだ。画面上の情報量がめちゃくちゃ多いのだ。映像の下のほうに日本語の字幕がでているかと思えば、左上には時間と気温と天気予報のマークがでていて、右上には番組の題名のロゴと現在流れているコーナーのタイトルがあり、その下には小さな四角形の囲みがあって、スタジオで映像を見ている司会者やコメンテーターの顔の動画まで出ている。一つのスクリーンの中にひしめき合うようにたくさんの情報が入っているのだ。これでは、注意力や集中力をそらさないどころか、かえって散漫になってしまう。

どうしてあるイシューについて人々が語り合っている映像に気温や花粉情報をつける必要があるのかわからないし、カメラを切り替えればスタジオで見ている人の反応を映すことはできるのに、なぜわざわざ画面の一部に入れて同時に映し出す必要があるのか、と考えていてわたしはある仮説を立てられることに気づいた。

要するに、待てないのではないか。

画面に映っている人が喋り終わるまで待てないので、まだ全部言ってもいないうちから言葉を字幕にして下部に映す。いまやっているコーナーが終われば天気予報が始まるのだが、それまで待てないので曇りのマークやら気温やら洗濯物の乾きやすさを示す指数などを常に画面に出しておく。自分が好感を抱いている芸能人が映るまで待てないから、他の人が映っているときにでも小さく端っこのほうに同時に映しておく。と、書いて来て、この段落のすべての文章の主語が前半と後半で替わっていることに気づく。誰かが喋り終わったり、天気予報が始まったりするまで待てないのは視聴者であり、まだ誰かが喋り終わってもいないのに言葉を字幕にして映したり、天気予報や洗濯指数を常に画面の端っこに映しておくのは製作側である。

こうした文章の主語の揺れにも表れているように、視聴者が「待てない」から制作側がそうするようになったのか、制作側が「視聴者は待てないだろう」と考えてこういう画面づくりをするようになったのかはわからない。が、この情報量の多さは、欲しい情報があったらいつでも自由に別のサイトに飛んでいけるインターネットの「速さ」に対抗しているように見える。テレビは自由に切り替えることができないから、とりあえずいっぱい情報を映しておけば、どれかに誰かがひっかかってくれるだろうというわけだ。

「待たずにすぐ何かの情報を得ることができる」というコンセプトは、「Like!」は手間がかからないという鈴木の指摘にも繋がる。シンパシーはインスタントなのだ。それは情緒や感情だから瞬時にパッと湧き出てくる。そう言えば、恋愛感情（太宰治によれば「色慾のWarming-up」）というやつも、湧いて来るものである以上、シンパシー・ベースのものだ。

他方、他者の靴を履いたら自分はどう感じるだろう、考えるだろうと想像する能力（エンパシー）は、思考というクッションが入るだけに発揮するのに時間がかかる。シンパシーは速く、エンパシーは遅いのである。

ルッキズムとシンパシー

ある一人の人間について「待たずにすぐ得られる情報」とは、いみじくも上野が指摘するように「わかりやすい外見」である。わかりやすいというのは、スピーディーということでもある。パッと見て「いいね！」し、すぐに「いいね！」の数がわかるような承認欲求の満たし方が流行れば流行るほど、そしてそれに依存する人が増えれば増えるほど、ルッキズムが高まるのは当然のことに思える。

わたしは息子が生まれるまでほとんど日本には帰らなかったので、7年間帰省しなかった時期もあるのだが、その長い年月を経て日本に帰ったとき、テレビを見てもう一つ驚いたことがあった。日中のコマーシャル（特に午前中）が、実年齢より10歳若く見えたり、20歳若く見えたりする商品の宣伝ばかりになっていたのである。「いつまでも若々しいって言われました」みたいなことを言っている中高齢のモデルたちが出てきて、「今ならスペシャル価格でご提供。こちらにお電話を」と電話番号が映し出される。どれもこれも同じ映像に見えるほど画一的なフォーマットで制作されているのだ。

本当に日本は高齢化しているのだなと感心したが、よく考えると英国でも日中にテレビを見ているのは年金生活者が多い。で、考えてみれば、英国にもその時間帯によく流れているコマーシャルがある。それは、月に20ポンドで発展途上国の子どものフォスターペアレントになりませんかとか、週に1ポンド寄付するだけでアフリカの村にきれいな水を提供することができるんですとかいう、慈善団体の宣伝だ。

こういうことを書くと、また出羽守《でわのかみ》とか言われて、英国の人々のほうが意識が高いと言っているのかと思われそうだが、そうではない。カンボジアやネパールにフォスターチルドレンを持っている人たちが、国内の子どもの貧困については冷淡で、「親が怠け者だからダメなのだ」とか「英国は自分で責任を取る文化に戻らなければ」とか言っている例をわたしはよく知っているし、慈善団体の広告ポスターで汚れた服を着て飢えた子どものようにこちらを睨んでいた黒人モデルが、実は裕福な医師を父に持つ息子のクラスメートだったことも覚えている。

そうではなく、英国の高齢者が財布の紐をゆるめる対象はどこか遠くの物事であるのに対し、日本の高齢者がそうするのは最も近いところにある自分自身（の外見）であることに大きな差異を感じるのだ。「意識の高低」ではなく、「意識の遠近」と言ってもいい。実際に見ることができない遠くのもの（しかも、時間をかけて育ったり、達成したりするもの）を想像するスキルがエンパシーだとすれば、英国の高齢者の多くはその能力を使うことを楽しんでいるから慈善団体にお金を払うのだろう。

それに対し、自分自身に集束する興味の方向性は内向きでもあり、即時的だ。「想像する」というより「リアルに目に見える状態」、遠くの国にいる子どもが育った10年後、20年後の姿ではなく、いま自分の肌や髪や体形に出る効果が求められているのだから。しかも、その効果とは自分の在り方ではなく、自分の見られ方に関わるものだ。「若見え」「老け見え」などという「〇〇見え」という新しい日本語の流行からも、他者からどう見られるかということが日本では異様なほど大事になっていることが窺《うかが》える。内向きになった関心が最も近いところにある自分自身に辿り着き、それがさらに自分の内面に入り込むのかというとそうではなく、皮膚の表面で乱反射して自分の外見でストップした、そういう感じすら受ける。冒頭の「おばさん問題」にしてもルッキズムの問題が実はすべての大元にあるのは間違いない。午前中のテレビで「実年齢より若いと言われます」と言って誇らしげに微笑む「61歳〇〇〇〇さん」「54歳　〇〇〇〇さん」という（架空の名前を与えられた）モデルたちが「若見え」美容液やサプリを宣伝している時間帯に、「おばさん問題」を取り上げた番組が流れているのは、同じコインの裏表なのだ。

上野は前述の往復書簡で、「男が評価するのは女性の知性ではありません、わかりやすい外見です」と書いたが、これは男だけのことではないだろう。人が他人を評価するのはその人の知性や内面ではなく、わかりやすい外見だから、少しでも若く（美しく）見えるように財布の紐を緩めて投資する人が多い（だからその種の製品のCMばかりになる）のであり、「おばさん」と呼ばれて傷つくのも、実際に年を取っているからというより、「若見え」していないからだろう。

ここで問題なのは、本来は主観的で「個人的」なものであるはずの美的感覚が、「若い＝美しい」というすこぶる全体主義的な尺度になってしまっていることである。そもそも、こうした刷り込みを繰り返されなければ、人のフェティッシュの方向性は多種多様なはずであり、顔の部品の大小や形、体形から肌の色やテキスチャーに至るまで、それぞれに美しいと思うものは違うはずだ。だが、「女の子の色はピンク」「男の子の色はブルー」と言われて育つのと同じように、ある年齢になると「えー、あんな顔した子が好きなの？」とか「肌はつるつるしている方がきれいなんだよ」とか言われて、子どもは「あ、自分はおかしかったんだ」と思い、美醜についての判断基準の修正を行っていく。ナチスが国民の美意識を多様化させずコントロールしようとしていたように、ルッキズムは全体主義とリンクしている（日本にはナチスは存在しないので、何が美しいかの基準の刷り込みを行っているのはメディアと大企業だが）。

少しでも若く見えたほうがいいというプレッシャーを日本の人々が異常なまでに刷り込まれる背景には、アンチエイジング市場が日本経済の内需縮小阻止の最後の砦という政財界の事情もあるかもしれないし、高価なアンチエイジング商品を買うために働き続ける高齢者が増えれば年金への財政支出の増大が抑えられるという国家財政上の狙いもあるかもしれない。「おばさん」と言われると女性が傷つくという問題には、ジェンダーやエイジズムの枠を超えた、一国の経済という下部構造がどっしりと不気味に関与しているのである。

ルッキズムとは、速くてわかりやすいシンパシー・ベースだから全体主義と相性がよく、政治利用されやすい。他方で、時間がかかり、知的努力を要するエンパシーは個人的な想像力だから束ねることは困難だ。

他者の靴を履くことに意識が向かう前に、自分の靴を少しでも新しく見せるためにひたすら磨き続ける人が増えれば、自分の足元ばかりを見て、外側で起きていることをよく見ない人々が増える。他者の靴を履くという行為は、自分以外の人に何が起きているか、つまり自分の外側（＝社会）で何が起きているのかを知ろうとする行為でもある。シンパシーを得ることにのみ拘泥し、エンパシーを使わない人々が増えたら、どんな立場の人々の仕事がやり易くなるかということは一考の余地がある。

第9章

人間を人間化せよ

不況時は年寄りから職場を去れ、となな？

ロックダウンが緩和され（というか、もうすっかり解除の雰囲気だが）、久しぶりに街に出てみると驚くべき光景が広がっていた。

すでに、メインストリートに潰れた店がたくさんあったのだ。潰れた、というか、ロックダウンしたまま再オープンできずにそのまま閉店した様子である。

ショッピングモールの中に入っても、H&MだのZARAだのといった、世界中どの国のどのショッピングモールに行ってもあるような巨大チェーンの店は営業しているが、小規模チェーンの店は「閉店のお知らせ」の貼り紙と共に撤退している。英国の人々はコロナ禍などすっかり忘れたように楽しげに街を闊歩しているが、これは明らかにビフォー・コロナの街とはまったく違う風景だ。カラフルな夏服で陽気に微笑みながら短い英国の夏を楽しむ人々、という写真のバックに用いる背景用の画像を間違えたかのように、街のビジュアルが目に見えて景気が悪い。

それもそのはずで、英国の２０２０年第２四半期のＧＤＰは前期比で20・４％マイナスとネットもテレビも大騒ぎだ。EU離脱、コロナ禍、ブラック・ライヴズ・マターと来て、次はいよいよ「大不況」にネタが切り替わったらしい。

他のＧ７国と比較しても、ぶっちぎりで英国のＧＤＰが落ち込んでいるそうで、１９５５年に四半期ごとのＧＤＰを発表するようになって以来、最悪の下落だという。理由はいくつか分析されている。スペインやイタリアやフランスに比べ、英国はロックダウンに入るのが遅かったから、他国は早くロックダウンを終えて経済回復できたが、英国はまだダメなんだという説。また、ロックダウン開始が遅すぎて、早く始めた国よりも感染が広がり、より厳しい策を長期にわたって取らざるを得なかったからという説。そのために、学校の休校が他国に比べてものすごく長くなったので（英国のほとんどの地域のほとんどの学年の小中学生は２０２０年3月下旬から9月に学校が始まるまで、約半年の休校になっている）、子どもの面倒を見るために働けなくなった保護者が被雇用者人口の８％もいたという概算もあり、英国経済は生身の人間が顧客を相手にするサービス業への依存率が高いのでソーシャル・ディスタンシングの影響で他国より打撃が大きかったという意見もある。

まあ何にしろ、これだけ店舗が閉店に追い込まれているということは、失業者が大量に出ているということだ。世論調査によれば、調査に参加した２０００以上の英国の企業や慈善団体、公共セクターの約33％が秋までに人員削減をするだろうと答えたとガーディアン紙（2020年8月10日）が伝えている。

この大失業時代の足音の中で、にわかに聞こえてきているのが「若者を救うために、高齢者から退いてもらいたい」という要望の声だ。新型コロナウィルスは高齢者が感染した場合に重篤化する可能性が高いという事実も合わさり、お年寄りはもうリタイアしてもらったほうがあらゆる面から見て合理的ではないかという意見が地べたレベルでも交わされている。

が、びっくりしたのは、著名な文化人まで公にそういうことを言いだしたことだ。『アジア再興　帝国主義に挑んだ志士たち』（園部哲訳、白水社）の著者、パンカジ・ミシュラが、チャンネル4ニュース配信のポッドキャスト「Ways to Change the World」で、「世界を変えるために何かを直すことができるとしたら、あなたは何をしますか？」というこのシリーズのお決まりの質問を受け、彼は「本物の変化は高齢世代が自主的にリタイアし始めたときに始まるだろうと強く信じている」と答えて、50代後半から上の人々は「出口を探してリタイアすべき。若者にスペースを譲るべき」と言ったのである。

「引退するのがベストだと思う。リタイアがベストだ。もっと才能があり、頭のいい人々に場所を与えるために」

ほんの2、3カ月前まで、高齢者は英国の人々にとって、みんなで守り、支援する対象だったのである。全国津々浦々の町で、高齢者の代わりに買い物に行ったり薬を貰いに行ったりするボランティアのグループが立ち上がり、スーパーマーケット・チェーンは開店直後の1時間を医療関係従事者と高齢者だけが入店できる時間帯にしたりして、「お年寄り優先」ムードがあった。

それが、ロックダウンも終わりに近づき、もとの生活に人々が戻り始めると、いきなり『楢山節考』（新潮文庫）のノリになっている。いくら何でも極端だ。

そもそも、こういうことを言える人々は、おそらく日本語で言うところの「親が太い」人たちだろう。公的年金や民間の年金、貯金や投資利益などで生活していける高齢者しかイメージできないのである。世の中には働かなくては食べて行けない高齢者もたくさんいる。慈善団体Age UKの調査によれば、英国の年金受給者の16%が貧困と定義される状況にある。お年寄りの6人に1人が貧困ということだ。民間セクターから住居を賃借している年金受給者の34%、公営住宅を賃借している年金受給者の29%が貧困だ。持ち家がない高齢者が生活に苦労している状況が浮かび上がる。

さらには、アジア人やアジア系英国人の年金受給者では貧困者が33%、黒人またはブラック・ブリティッシュでは30%が貧困であるのに対し、白人の年金受給者は15%という数字も出ている。新型コロナの影響で一時解雇されたり失業した人が最も多いのは18歳から24歳の層と65歳以上の層だ。

それなのに、高齢者は「失業者」としてではなく、「非労働人口」として計上されるので、あまり問題視されることはない。これはもっと注視されるべき事態である。なぜなら、高齢者はいったん仕事を失くすと次の仕事が見つけにくいので長期失業になる可能性が高いからだ。

しかも、コロナ禍の経済収縮により労働者の首切りが行われるときに、高齢者が解雇されたからといって、代わりに若者が雇われるとは考えにくい。景気が悪いときには切りやすい層から切られていくのであり、それが若者と高齢者なのだ。

思えば、コロナ禍は、ビューティフルな地べたの相互扶助の盛り上がりを見せてくれた一方で、「労働」や「経済」の話となると世代間闘争の種になり続けてきた。高齢者が感染すると致死率が高いということがわかり「高齢者のみ外出を自粛してもらって若い世代は働きに出て経済を回してもらえばいい」という議論が出たときには、若い世代から「若者は危険に晒してもいいのか」「どうして下の世代は常に上の世代の犠牲にされるのか」という反感の声があがった。そしてロックダウンが終わってみんな働きに出られるようになったときには不況で解雇が始まり、今度は「高齢者は先に辞めて若者を失業から守れ」と叫ぶ人々が出て来て、「そうだ、そうだ」という層と「高齢者の切り捨てか」という層の分断を生んでいる。

このような議論を聞いていると「下の世代が上の世代の犠牲になる」とか「上の世代が下の世代に譲れ」とか、若者と高齢者は決まった分量のパイを取り合う宿敵同士になるしか道はないかのように聞こえる。常にどちらか一方が活かされ、片方は我慢するというシナリオしか存在しないわけはないだろうと思うのだが。

世代間闘争は、言うまでもなく椅子取りゲームの発想だ。

相互扶助もアナキズム

先日、アナキズム研究者の栗原康さんと対談した。そのときに、アナキズムというと、「既成概念を打ち壊す」とか「暴れる」とか、そういう方向でのみイメージされがちで、「相互扶助」や「生物は競争ではなく助け合いで生き延びてきた」のクロポトキン的側面がいまひとつ連想されにくいのではないか、むしろコロナ禍を体験したいま、後者が重要になってくるのではないだろうかという話になった。

本書で繰り返し書いてきたように、エンパシーとアナーキーは繋がっているとわたしが考えるのも、クロポトキンの主張があるからだ。しかし「相互扶助はアナキズム」とか言っても、一般的にピンとこないのはなんとなくわかる。「助け合いましょう」とかいうのは道徳の授業で先生が言っているみたいで、アナーキーの対極にあるもののようにすら聞こえるからだ。

この道徳の授業感を突破するには、アナキズムは「あり得ないほど」助け合うというキャッチーな枕詞が必要なのかもしれない。実際、コロナ禍勃発当初の英国の地べたの光景は、「あり得ない」ことの連続だった。平時では絶対に知らない人には明かさないだろうプライベートな電話番号やメールアドレスを書いて「自分にできることがあったら何でもやるので、困っている人は連絡をくれ」というチラシを家の外壁に貼っていた人、「老人や感染者を支援するグループをつくりたい」という手作りフライヤーを近所の家のレターボックスに入れまくった人など、「助け合いたい」人間の欲望がストリートで爆発していた。あれこそが、アナーキーな欲望に基づく相互扶助の姿である。あれは道徳心から起きたことではない。そうしなければならないからやるのでもない。みんなそうしたかったのである。だからこそ（電話番号が悪用されたり、スパムメールが大量に届いたりして）後で後悔するかもしれない「あり得ない」レベルまでやってしまう。

が、ロックダウンという非日常が終わり、労働する日常が戻ってくると、すっかりアナキズムは姿を消した。レベッカ・ソルニットが『災害ユートピア』で書いたように、アナーキーな相互扶助は災害時とか非常時とか、人間が通常の社会経済のシステムから外れたときには顕現するのだが、いつも通りにシステムが回転し始めるとたちまち姿を消し、また世代間闘争のような熾烈な椅子取りゲームが戻ってくる。

愛のデフレ

エーリッヒ・フロムは『愛するということ　新訳版』（鈴木晶訳、紀伊國屋書店）の中で、「現代人は、その社会的・経済的役割の付録になってしまったのではないか」と書いた。何かの付録として存在するようになると、人は自主性とともに人間性も失ってしまうのだ。生き延びていくために「助け合いたい」本能が人間に備わっているとすれば、その利他性を失うことは人間性の喪失でもある。

フロムは同著の中で、他人を愛するのは美徳だが、自分を愛するのは罪だという西洋思想にありがちな考え方は間違っていると説いた。彼は次のように書いている。

フロイトにとって自己愛はナルシシズムと同じものである。つまり、リビドーが自身に向かって逆流することである。ナルシシズムは人間の発達における一番最初の段階であり、後になってからナルシシズム段階に戻ってしまった人は愛することができず、極端な場合には精神異常になる。フロイトにいわせれば、愛はリビドーの発現であり、リビドーは他人に向くこともあれば（愛）、自分自身に向かうこともある（自己愛）。このように愛と自己愛とは、一方が多くなれば他方がそのぶん少なくなるという意味で、たがいに排他的である。

愛のデフレ、という言葉が浮かんでしまう。フロイトの概念でも、他者への「愛」と自分への「愛」が対立する関係になって椅子取りゲームを展開しているのだ。椅子取りゲームで注意しなければならないのは、このゲームのルールでは時間の経過とともに椅子が一つずつ減らされて行くということであり、つまりこの排他ゲームを続けているとリビドーがだんだん減って最後には何もなくなりかねない。

しかしフロムは、そもそも「愛」を対象によって分けて、ある決まった分量のものを互いに奪い合っているかのような考え方それ自体がおかしいのだと反論する。彼によれば他人に対する愛と自己愛は排他的なものではない。

隣人を一人の人間として愛することが美徳だとしたら、自分自身を愛することも美徳であろう。すくなくとも悪ではないだろう。なぜなら自分だって一人の人間なのだから。そのなかに自分自身を含まないような人間の概念はない。

フロムは、人間そのものを愛することは、特定の人間を愛することの前提であり、人間そのものの中に自分が含まれていないわけがないではないかと主張する。だから彼は言うのである。「他人にたいする態度と自分自身にたいする態度は、矛盾しているどころか、基本的に連結しているのである」と。

しかしながら、そのような説を唱えるフロムでも、自己愛と利己主義は別物であるときっちり線を引こうとする。曰く、「利己的な人は外界を、自分がそこから何を得られるかという観点からのみ見る。他人の欲求にたいする関心も、他人の尊厳や個性にたいする尊敬の念も、もたない。利己的な人には自分しか見えない」。だから、根本的に利己的な人間は「愛することができない」のだという。

利己的な人間というのはほとんどサイコパスのことなんじゃないかと思うような言われ方だが、「利己主義」を絶対悪と見なす風潮もまたおかしいんじゃないかと指摘しているのは、デヴィッド・グレーバーだ。

彼は『ブルシット・ジョブ』の中で、純粋な利己主義という発想も純粋に無私である利他主義という発想も、実は人類史のほとんどにおいて奇怪なものとして見なされてきたのだと主張する。こうした二項対立的な考えが出現したのは、非人格的な市場が勃興し、現金市場が登場してからのことで、「物質的なものは無価値なり、敬虔なる者は欲を捨ておのれの財を施しに捧げるべし」と説く世界宗教が誕生してから、物質的な利己主義と利他的な理想主義との間に絶対に混ざらないよう壁を打ち立てる試みが始まったのだという。

だが、このような試みはすべて失敗に終わったとグレーバーは断言する。

なぜなら、この二つはつねに混じり合っていたからで、芸術家や司祭や理想主義者、そして政治指導者たちがひそかに私益をむさぼっていたり、労働者が自分の仕事について世の人の役に立っているのだろうかと悩むのはよくある話だ（たぶん、そういう人々が『ブルシット・ジョブ』を読む）。両者をかっちり分けることは、机上の議論の中でならできるとしても、泥臭い人間の生の中にあっては無理なのだ。

このように、フロムの「自己愛」と他者への「愛」は繋がっているという説をヴァージョンアップさせた形で、グレーバーは利己的なものと利他的なものは混ざり合っていると言う。この混在の理論、混ざり合っているのが当たり前でピュア化させるのは無理という考え方は、「こうあるべき」という思想というより、現実的な洞察だ。『アナーキー・イン・ザ・UK』というパンクロックの経典の歌詞を書いたジョン・ライドンは、「カオスは俺の哲学だった」と言ったことがある。カオスになれ、というのではなく、人はそもそもカオスだと認める哲学だ。カオスでいいのだという前向きな諦念と言ってもいい。人は様々な矛盾する考えや欲望に満ちた生き物なのである。

「混合」を認め、それでよしとするカオスの哲学。「壁を打ち立てようとしたところで混ざってしまう」という認識は、二項対立の椅子取りゲームで愛がデフレ現象を起こしているいま、切実に思い出されるべき人間性の真実だ。

『破局』とブルシット・ソサエティー

ところで、『愛するということ』でフロムは、愛とは能力であり、技術であると書いた。それは「落ちる」といった感情的なものではなく、意志的、能動的に「踏みこむ」ものであると。

『愛するということ』の英題は『The Art of Loving』だが、ＡＲＴには美術・芸術といった意味のほかに、技巧、技能、人為という意味もあり、この定義もまた英英辞書で意味を引いてみたほうがわかりやすい。オックスフォード・ラーナーズ・ディクショナリーズのサイトでは、

「特に絵画や彫刻における、アイディアや感情を表現するための想像力の利用」

という定義がまず最初に書かれている。さらに、

「トレーニングと実践によって発達させることができる能力やスキル」

という意味も記されていた。

「想像力の利用」「発達させることができる能力やスキル」という点で、ＡＲＴの定義はコグニティヴ・エンパシーによく似ている。フロムが言っているのも、シンパシーやエモーショナル・エンパシーのように自然に湧いて出てくる感情ではなく、ひと頑張り（多くの場合、ひとつどころではない不断の頑張り）を必要とする「自分の靴を脱いで他人の靴をわざわざ

履く」タイプの「自ら踏み入る」愛だ。

遠野遥の小説『破局』（河出書房新社）は、愛に踏み入る必要がなかった青年の話だ。主人公の陽介の場合、自ら動かなくとも常に女性のほうからやってくる。旧恋人との関係が駄目になりかけているときに出現した年下の新恋人は、最初から彼を家に呼び、今日は泊まるようにと言いつけるような強気の誘い手だったし、新恋人との関係に嫉妬した旧恋人も、自分から彼の部屋に押しかけてきて関係を迫る。常に彼はただ、誘われるまま、言われるままだ。「女性が望まないセックスをするのは悪」という正義感を持っているが、じゃあ望まれたらいつでも応じなければならないと思うのか、新恋人の性欲が強くなってついていけなくなったときにも、筋トレや走り込みはもちろん、充分な睡眠を取ったり、食事を研究したり、サプリメントを使ったりして健気に対応しようとする。セックスは気持ちがいいから好きだ、と言う主人公だが、しかし勃起もしなくなり、下腹部が痛むようになるとそうも言ってられないだろうから、それでも励むというのは真面目だし、他人に翻弄されやすい人だと思う。

この主人公は、毎日トレーニングを欠かさず鎧《よろい》のような筋肉を体にまとい、公務員試験のために勉強し、母校のラグビー部のコーチを務め、後輩たちを勝たせるために（やり過ぎとも知らず）熱心に指導する。が、時々、唐突によこしまなことを考える。恋人に最高の誕生日を過ごしてほしいと思いながら、彼女がホテルでシャワーを浴びている間に別の女性のことを想像しながら自慰をしたり、ラグビー部の部員たちが自分の悪口を言っているのを聞き、電車の中で見知らぬ男性に八つ当たりし、適当に入ったファストフードの店でさらに憂さ晴らしする相手がいないか探したりする。

人は矛盾を抱えている生き物だから別におかしな話でも何でもない。が、陽介の場合、「真面目」と「逸脱」の表出具合が奇妙なほどぶつぶつと断絶し、どこか朴訥としていて、二つがいい加減に混ざり合うときがないのだ。グレーバーが言うように、人はそもそも理想主義的なものと利己主義的なものが混ざった生き物だとすれば、この主人公の思考や言動においてそれらがスムーズに混ざり合えないのはなぜなのだろう。

それはおそらく、彼が「真面目」であるときに「こうするべきだ」と思う正義感は、「人はふつうこうするものだ」といった意味での正義感であり、彼自身がそう考えているわけではないからだ。「女性には優しくしろ」と言ったのは父親だったから自分もそうしていると言っているし、女性から預かったバッグの中身を見たくなってやめた理由も「公務員を志しているから」だ。父親の言ったことや公務員になることなど、「正義」はいつも彼の外側にあり、彼自身には由来しない。その出どころは周囲の人々や世間だ。本人が自分の体験や実感を経て「正しい」と思うようになったことではない。だから彼は権力にもすこぶる従順で、最後に警察に取り押さえられるシーンでも、彼らに自分を委ねて、自分はもう余計なことを考える必要はないと安心する。

そんな青年が正義（一般的、世間的に良いと言われていること）から「逸脱」したくなるのは、自分の欲望（性欲、食欲、暴力欲など）に走りたくなるときだ。この欲望を叶えることが彼にとっての「よこしま」な利己主義ともいえる。そして、それに対峙するものとしての彼の利他主義とは、世間一般の正義に自らを「委ねる」ことだ。

これは非常に受動的かつ完結されることのない利他主義とも言える。自分の靴を脱ぎ、世間の靴を履こうとしているのだが、世間という抽象的なものは人間じゃないので靴など履いてないからだ。

けっして完結されない利他主義は虚しいものなので、いきなりまた朴訥と、唐突な場面で陽介は涙を流し始め、自分でもなぜ自分が泣いているのかわからず、ひょっとすると自分はずっと前から悲しかったのではないかと一瞬思う。が、女性やお金や学歴や健康に恵まれてきた自分が悲しいわけがないと、ここでも世間的尺度で自分を客体視する。そして、「悲しむ理由がないということはつまり、悲しくなどないということだ」と結論し、「悲しくないことがはっきりしたので、むしろ涙を流す前よりも晴れやかな気分」になったりして、自分の気づきを卑小化し、世間に自らを委ねていくことを選ぶのだ。

面白かったのは公務員試験の筆記試験に合格し、職員として働いている先輩と飲むシーンだった。この先輩が配属先でやっている仕事の内容というのが、まさにグレーバー言うところのブルシット・ジョブど真ん中なのだ。

病院で医療安全の担当をしているという先輩は、起こり得る事故を想定し、そうした事例を収集して分析し、事故が起こる前に対策を立てたり、研修を開いたりするのだが、実際に対策を考えるのは役職つきの医療関係者で、研修の講師も管理職がやっている。じゃあ先輩はいったい何をしているのだと不思議になるような謎に満ちた業務だが、何かと忙しく走り回っているらしく、先輩は陽介に試験に合格したら配属先の希望は病院と答えろと言う。看護師の彼女をつくるチャンスだからと。

グレーバーがブルシット・ジョブに対峙する定義として打ち出したのはケア階級の仕事だった。ケアする仕事とは、まさに看護師がそうであるように、他者を能動的に助ける仕事だ。そしてケア階級の恋人をつくるために、先輩は陽介にブルシット・ジョブをやれよと勧めている。

考えてみれば、ブルシット・ジョブは、まさに陽介がそうであるように、あまりにも受動的に利他主義的なのかもしれない。ブルシット・ジョブをすることは、自分でそうすべきと思うわけでもなければ、意味があるとすら思っていないのに、なんとなくそうすることになっているシステムに身を（自分の時間や人生を）委ねることだからだ。

ブルシット・ジョブの増加がメンタルな病の増加に関係しているというグレーバーの説を、『破局』を読みながら思い出していた。ブルシット・ジョブによるブルシット・エコノミーを基盤とするブルシット・ソサエティーが、無意味なものを無意味なものとして受け入れ、常に自らを客体視し、人間の靴など履かず、余計なことを考えずに生きていく場所だとすれば、それはあまりにもアンチ人間主義的ではないか。昔、マーガレット・サッチャーは「社会などというものは存在しません」と言ったが、もはや新自由主義は「人間などというものは存在しません」の領域に来ているのかもしれない。

エリートとエンパシー

英国の名門私立校として知られ、歴代首相や王族も通う学校として有名なイートン校では、生徒たちに「ありがとう」と言うことを教え始めたらしい。

バークシャー州にある年間授業料約4万ポンド（約610万円）のイートン校では、生徒たちの人格形成を促進するため、親切とエンパシーに関する授業をカリキュラムに取り入れたそうだ。「ありがとう」と言わせるのもその一環だという。

同校の教務主任が語った言葉が、英紙インディペンデント（2019年5月11日）に掲載されている。

「エンパシーは教えることができます。それは人間に本来備わっている特性ではありません」

「それは想像の力で他の人々と同一になることです。それを使って、性質としての用心深さや不信感を乗り越える術は教えることができます」

イートン校の生徒たちは、毎日、時間を設けて、どんな風に他の人々が自分を助けているかを想像し、自分がありがたく思うべきことについて感謝するように指導されているという。その一例は、誰かに「サンキュー・カード」を書いたりすることのようだ。

「ありがたいと感じるために、ずば抜けて恵まれた立場にいる必要はありません。我々すべてがありがたいと感じることができます。ありがたいと感じるためにイートニアン（イートン校の生徒や卒業生）である必要はないのです」と前述の教務主任は話しているが、政界や財界、学界のトップランナーになることを約束されているエスタブリッシュメントの子どもたちが、他の子どもたちより感謝すべきことに囲まれて育ったのは事実だろう。この階級の子どもたちがエンパシーについて学び出したと聞けば、とんでもない偽善だと嫌悪感を示す人も多いし、「ありがとうを言いましょう」なんて、ふつう保育園児が習うことなので、なぜティーンがいまさらそんなことをやっているのかと茶化す人もいる。しかし、為政者たちが世の中のことを知らな過ぎて様々な問題が起きていると言われている現在、エスタブリッシュメント側にこうした動きが出て来ているのはある種の危機感の表れにも見える。

子どもの人格形成のためにエンパシー教育が必要というのも（当たり前のことと言えば当たり前だが、この階級の話としては）印象的だが、エリート層の子どもたちの精神面を気遣う動きは大学レベルでもある。ラッセル・グループ（研究型公立大学24校による構成団体。英国トップ大学のグループであり、英国版アイビーリーグとも呼ばれる）の一校であるブリストル大学は「サイエンス・オブ・ハピネス」（直訳すると誤解を招きそうなのでやめておく）というコースを設け、英国の大学で初めて「幸福」について教えているという。

２０１８年のワールド・メンタル・ヘルス・デー（10月10日）に始まったこの10週間のオプショナル・コースは、幸福とは何か、どうやって幸福を手に入れるのか、そしてそれに対する心理学、神経科学的な見地からの分析（幸福は遺伝的なものなのか、それは後天的に変えることができるのか、人間の精神がいかに幸福を歪めているか、幸福における文化の役割など）を講義し、こうした知識をいかに日常生活で活かすかというところまで教えるそうだ。ブリストル大学では２０１６年10月から18カ月の間に亡くなった12人の学生に自殺の疑いがあり、大きな話題になっていた。

２０１７年9月にＩＰＰＲ（Institute for Public Policy Research）が発表した調査結果によれば、英国の大学の94％がメンタルヘルスの問題でカウンセリング・サービスを受けようとする学生数が過去5年間で増加したと認めている。

エリート層の若者たちは、良い成績をおさめて優秀な大学に入ることを目指し、ある意味、そうした目標に「自分を委ねて」生きてきたとも言える。その先にあるものがブルシット・ジョブだとしても、彼らはそこに辿り着くまでのルートをつつがなく歩き通さなくてはならない。そのためには、もしかすると誰の靴だろうと履かないほうが楽かもしれない。

靴、とは自分や他者の人生であり、生活であり、環境であり、それによって生まれるユニークな個性や心情や培われてきた考え方だ。他者の靴を履くとは、その人になったつもりで想像力を働かせてみることだが、これが「できない」のは、実は生まれや育ちとは関係なく、単に「現代人はエンパシーを働かせることの精神的負荷を嫌がるから」という調査結果もある。多くの人々はエンパシー能力に欠けるのではなく、それを働かせるのには精神的努力が必要だから、他者の靴を履いてみることをできれば避けたいと思っているのだという。

米国のペンシルベニア州立大学とトロント大学が共同で、二組のカードを使った実験的調査を行った。難民の子どもたちや、笑っている人の顔、悲しそうな人の顔などが描かれた二組のカードを用い、1200人を対象に一連の実験を行った。それらのカードは「感じる」「言い表す」の二組に分かれていて、例えば、難民の子どもたちのカードが出たら、「感じる」の組を選んだ人はその子どもたちの内面的心情を想像して話し、「言い表す」の組を選んだ人はその子どもの年齢や性別や着ているものなど外見的特徴を説明する。一連の実験を通して、「感じる」の組を選んだ人は平均すると全体の35%程度しかいなかったそうだ。

実験の後に行われたアンケートでは、多くの参加者たちが、「感じる」組のカードのほうが、外見を「言い表す」組よりも認知するのが難しく、努力を要し、自分は苦手だろうと感じていたことが明らかになったという。エンパシーを使うのは骨が折れ、自分を不安にさせると答えた人々ほど、「感じる」組のカードを避ける傾向にあったそうで、しかもそれは悲しそうな人の顔などのネガティヴなカードだけでなく、笑っている人などのポジティヴなカードが出たときでもそうだったらしい。

人々がエンパシーを働かせるのに尻込みするのは、かわいそうな立場の人々を見て自分まで憂鬱な気分になったり、チャリティーに寄付したりさせられるからだという通説がある。だが、どうもこれは違うようだという。たとえポジティヴな感情でも、他者の心情を想像することは精神的努力を必要とするから嫌だというほうが実情らしい。

「エンパシーを働かせてみる方向に人々を動機付けすることができれば、社会全体にとってそれはグッド・ニュースになるでしょう」

この調査にあたったペンシルベニア州立大学の主任研究員は英インディペンデント紙（2019年4月23日）で話している。

この「動機付け」のヒントは、グレーバーが示してくれたように思う。コレージュ・ド・フランスの講演で「ケア階級（caring classes）」という言葉の仏語訳の候補として彼が「エンパシー階級（classes empathiques）」という表現を挙げたという片岡大右の指摘があるからだ（『群像』2020年9月号「未来を開く――デヴィッド・グレーバーを読む」）。

人間は互いをケアすることで生き延びてきた。それがわたしたちの本性だとすれば、他者をケアすることは人間に帰ることだ。ブルシット（まやかし）からエンパシー（ケア）へ。それは人間を人間化することであり、経済も社会もその周辺に構築されなくてはならないとグレーバーは主張した。

2020年9月に他界した彼なら、他者の靴を履くための動機づけ（インセンティヴ）は

「人類が生き延びること」と言ったただろう。英誌ニュー・ステイツマンが追悼記事で「The hopeful anarchist（希望に満ちたアナキスト）」と称したグレーバーに本稿を捧げたい。

第10章 エンパシーを「闇落ち」させないために

ニーチェがエンパシーを批判していた？

ポール・ブルームの『反共感論　社会はいかに判断を誤るか』はここまで何度か引用してきた。しかし、エンパシーに懐疑的な見解を示している識者は彼以外にも複数存在する。2019年に出版された『The Dark Side of Empathy』の著者、フリッツ・ブライトハウプトもその一人だ。彼は、ブルームとはまったく違う視点からエンパシーの罠を提示する。いかにもドイツ語ネイティヴの著者らしく、ニーチェがエンパシーの危険性について述べていたというのだ。

ポール・ブルームは、「誰かの靴を履く」コグニティヴ・エンパシーには、スポットライトのごとくいまここにいる特定の人々に焦点を絞る効果があり、状況全体、特に統計の数字に表れている広範囲での客観的現実に目が向かなくなる欠点があると主張した。彼がこれを説明するために使ったのは、欠陥のあるワクチンで重病に陥ったたった一人の子どもの例だ。

世の多くの人々は、重病の子どもやその家族だけの靴を履いてしまい、ワクチン接種プログラムなどとんでもないと怒って禁止を叫び、それがあったら助かっただろう多数の任意の子どもたちを殺すことになってしまうとブルームは警告した。

対照的に、ブライトハウプトは、エンパシーを向ける対象ではなく、エンパシーを使う当事者が被る損害について警鐘を鳴らしている。エンパシーはその能力を用いる人の「自己の喪失」に繋がるというのだ。ブライトハウプトがその根拠として挙げているのは、『善悪の彼岸』（中山元訳、光文社古典新訳文庫）の「２０７　中身のない人間」におけるニーチェの記述だ。

ニーチェはこの章で前世紀の初めに「empathy」と翻訳された「Einfühlung」というドイツ語を使ってはいない。が、この節でニーチェが他者への知的な理解について論じているのは明らかであり、それは我々が今日エンパシーと呼んでいるものに等しいとブライトハウプトは言う。

ニーチェは他者の考えや感情を知的に理解できる人、つまり他者を観察する能力を備えた人を「客観的な人間」と呼んだ。そして、「客観的な人間」は「中身のない人間」になり得る可能性があると書いている。「２０７　中身のない人間」の文章を見てみよう。

　客観的な精神というものに出会ったときに、人がどれほど感謝をもって迎えようとも

――すべての主観的なもの、その忌まわしいナルシシズムに死ぬほどうんざりしたことのない人はいないだろう！――、しかしまずその〈感謝の気持ち〉にも用心することを学ぶ必要があるのだ。そして精神を個人的でないもの、みずからのものではないものにするのが目的そのものであり、救済であり、浄化であるかのように祝う最近の行き過ぎた傾向は、避けるべきなのだ。（中略）

客観的な人間というもの、もはや悪態をついたり、呪ったりしない人間、ペシミストのような人間、理想的な学者のような人間は、たしかに存在するかぎりでもっとも貴重な〈道具〉の一つである。（中略）しかしこれは別の人間に使われるべき［道具としての］人間にすぎない。指摘しておこう。彼は一つの道具なのだ。

ニーチェはまた、客観的な人間を「鏡」に例えている。人類がエンパシーという能力を備えている根拠として脳科学的に「ミラーニューロン」の存在が使われて来たことを鑑みれば、この「鏡」という表現は興味深い。ニーチェはこう言っている。

彼は鏡であり、「自己目的」ではない。実際に客観的な人間とは、一つの鏡である。この鏡は、認識されようとするものであり、服従することに慣れているものである。そして認識が、すなわち「映しだすもの」が与えてくれる喜びのほかに、喜びを知らないのである。

「道具」にしろ、「鏡」にしろ、ニーチェが選んだ言葉は、そこに本人の人格は存在しないことを強調するものだ。というよりも、自分自身を希薄化することが客観的に他者を知覚する――客観的な精神を身に着ける――ための条件であるかのように読める。日本にも「フラットな見方」という表現があり、自分自身の考え方や経験による凸凹（つまり主観）を忘れてニュートラルな姿勢で物事を見ないと他者の理解は正確に得られないとされる。しかし、ニーチェはこのフラットさそれ自体に警鐘を鳴らしているようだ。つまり、人間がエンパシーを働かせてできるだけ正確に他者を理解しようとするときには、その準備として「自己を失う」（＝フラットになる）ことが必要になり、それには大きな弊害が伴うというのだ。ニーチェはこう書いている。

つねにみずからを磨きあげ、鏡のようにものを映しだす学者の魂はもはや肯定することも、否定することも知らない。命令することも、破壊することもない。（中略）彼らは善に与《くみ》するか、悪に与するかを決める根拠をもつには、そもそもあまりに遠い場所に立っている。

ニーチェの議論を引き継ぐ形で、ブライトハウプトは、客観的知覚能力のあるエンパシーの使い手は自分の見解を強く主張したり、他者の行為を裁いたりすることができなくなると言う。他者の気持ちを正確に見抜き、理解してしまう人は、他者を安易に裁くことができなくなるからだ。逆に、他者に対する裁きを潔く下すことのできる人は、自分の立場や考えを明確に持ち、それを（ある意味、独断的に）示す強さを見せることのできる人だ。一方、客観的な人にはそれができないので、他者を率いることや行動すること、強いパッションを示すことが不可能になるという。

ポール・ブルームは、視界を狭め、客観的に物事を見ることをできなくするものとしてエンパシーを批判した。が、ニーチェ的に言えば「客観的な人間」こそが問題なのである。エンパシーに長けた人は、フラットに物事を見るために自分を捨ててしまうので、自我がなくなるというのだ。現代でも「両論併記はやめろ」とか「どっちもどっちと言う人は結局何も言ってないから卑怯」とかいう意見があるが、これらもニーチェの議論の延長線上にあるものかもしれない。さらにニーチェの言葉を引いてみよう。

客観的な人間とは一つの〈道具〉である。貴重で、壊れやすく、曇りやすい測量装置であり、鏡の工芸品なのだから、大切に扱い、敬ってしかるべきである。しかしそれは〈目的〉ではないし、出口でも入り口でもない。（中略）さらに端緒でも、創造でも、第一原因でもない。支配者であることを望むような頑強な者でも、力強い者でも、自立した者でもない。

エンパシー搾取と自己の喪失

客観的な人間は自立した者ではない、というのはまた強烈な言葉だが、他方では、他者を理解することができず、そもそもそういう努力すらしない人もいる。こうしたキャラクターの人々は、他者を客観的に観察するのが苦手で、フラットな知覚力を使う前に、まず他人を自分の物差しでカテゴライズし、評価し、支配しようとしがちだ。自分の物差しがあるということは、強い自分自身があるということであり、自分の意見を持っているということだが、同時にこういう人々はいわゆる「暗黙のバイアス」によって偏見に満ちた判断を下す。強い支配者、という感じだ。ストロングなヒーローに客観性や観察力はいらないのかもしれない。

ニーチェの論では、エンパシーに長けた人々は空疎な「道具」や相手を映すだけの受動的な「鏡」になって自己を喪失する。それだけに、そういう個人が強烈な自我を持つ他者と出くわすと、まるでエンパシーの対象が自己になったかのような感情移入をし、自分を明け渡してしまうことがあるとブライトハウプトは指摘している。究極の「推し」ができる状態だろう（トランプ前大統領の支持者になぜか気のいい人たちが多いというのも、これで説明がつくかもしれない)。

実際、このことを考えると、デヴィッド・グレーバーが、労働者階級の思いやりについて嘆いた記事を思い出してしまう。2014年にガーディアン紙に寄稿した記事(“Caring too much. That's the curse of the working classes”〔2014. 3. 26〕)の中で、グレーバーは、労働者たちは支配階級に比べて自己中心的ではなく、他者をケアする助け合いの精神が強いと指摘した。

労働者階級と言うと鉄鋼労働者や炭鉱労働者などマッチョなイメージが浮かびがちだが、実は、長いスパンで歴史を振り返ると、労働者階級は裕福な家族の世話をする仕事をしてきた階級だったとグレーバーは説いた。実際、マルクスやディケンズの時代の労働者階級の街の住人は、メイドや清掃人、料理人、靴磨き等々、裕福なお屋敷に住む人々に雇われ、お金持ちの家族の様々なニーズを満たし、ケアすることで生計を立てていた人が多かったのだと。

これは現代の先進国にも通じることだろう。製造業が衰退し、労働者階級の中心は介護士や保育士、看護師などのケア労働者か、またはサービス業従事者になっている。現代でも中上流階級の人々はケア労働をする人々を雇う。介護を代行してくれる人、子どもの面倒を見てくれる人、家の掃除をしてくれる人、食事を作ってくれる人、それを運んでくれる人、等々である。つまり、社会の構造はマルクスやディケンズの時代に戻っていると言えるかもしれない。

ケア労働をする人々は、雇用主（ケアの対象）の気持ちを推し量ろうとする。それが職業の基本だからだ。この人は自分に何をしてほしいのだろう、何をしたらもっとも喜ばれるのだろう、何をしたら嫌がられるのだろうと、「相手の靴を履いて考える」ことなしにケアの仕事は成立しない。他者をケアする（助ける）性質が労働者階級特有のものになったのはこのせいだとグレーバーは言う。富と権力を持つ人々は、逆に下々のことなど気にしない。人の顔色を窺って生きていく必要のない階級だからだ。

また、ケア階級について語るとき、触れておくべきことに「感情労働」の問題がある。この言葉は米国の社会学者A・R・ホックシールドが1983年に発表した著書『管理される心―感情が商品になるとき』（石川准他訳、世界思想社）の中で使ったもので、シンプルに言えば感情の抑制や鈍麻、緊張や忍耐を強いられる職業のことだ。つまり、自分の業務のために常に感情を管理することが求められる仕事だ。「肉体労働」「頭脳労働」に対して、「感情労働」も存在するというのである。

ホックシールドが前述の本の中で典型例として挙げたのは旅客機の客室乗務員だった。相手（客）のどのような失礼や、無茶な要求にも、自らの感情を押し殺して笑顔で耐え、常に礼儀正しく丁寧に対応する仕事である。サービス業の従事者は多かれ少なかれほとんど同じことをしていると言っていい。コールセンターのカスタマー・ケアやヘルプデスク、秘書、受付、苦情処理係、ホスト、ホステス、セックスワーカー、企業の営業担当者など、様々な職業の人々が感情労働を行っている。これらサービス業に加えて、介護士や看護師、保育士、教員などもここに加えられるようになった。

しかし、2010年代後半になると、米国のジャーナリスト、ジェマ・ハートリーが「感情労働は男性がいまだに理解しない無償の仕事だ」という主旨の記事を発表し、ジェンダーの問題として再び「感情労働」を取り上げたことで、この言葉がリバイバルし、再び脚光が当たることになった。この言葉を最初に提唱したホックシールド本人は、2018年のThe Atlanticのインタビューで「感情労働」が家事を指す言葉として使われるのは意味の拡大のし過ぎだと思うと話しているが、世界中の女性たちがこの組み合わせに飛びついた気持ちはわからなくもない。

例えば、英語圏の国には「ハッピー・ワイフ、ハッピー・ライフ」という昔からよく使われてきた表現があり、男女平等が謳われる現代では時代遅れの言葉と見なされている。「妻の機嫌を取っておけば幸福になれる」という男性側からの上から目線の言葉はセクシスト（性差別主義者）的であり、結婚の成功は双方の幸福に基づくものだろうというのがこの言葉を「時代遅れ」と言う人々の主張だ。

しかし、こういう考え方もできると思う。それは、なぜ「ハッピー・ハズバンド、ハッピー・ライフ」とは言われて来なかったのかということだ。それは、女性は常に家庭で男性をハッピーにするために陰で様々な無償の労働をしてきたからであり（男性がしわくちゃのシャツを着て仕事に行かずに済むようアイロンをかけるとか、仕事から帰ってきたら飲めるようにビールの缶の数を確認し、なくなったら買い足して冷蔵庫に入れるとか）、いまさらそんな言葉を使う意味も必要性もないからだ。むしろ、女性の場合は、ハズバンドはハッピーでも自分自身のライフはハッピーどころか疲れきっていることのほうが多い。

このことは、実は前出の記事でグレーバーも指摘していることで、社会において不平等が存在する場所では、下側にいる者のほうが上の者のことを気にかけ、上側の者は下の者をそこまで考えたりしないのであり、これは昔からフェミニストが主張してきたことだった。つまり、女性は男性のことを考えていろいろ相手のために心配したりするが、男性は女性をそこまでケアしないというのだ。そして、これは黒人と白人の関係や被雇用者と雇用主、貧困層と富裕層の関係にもスライドできるという。

面白いことに、ホックシールド自身が「拡大解釈されすぎ」と言う「感情労働」の定義のほうでも、近年では、必ずしも「感情労働」に分類されていない職場における「自覚なき差別」（レイシズム、セクシズム、ホモフォビック、トランスフォビック等々）に煩わされているマイノリティーたちの「感情の管理」も含まれている。同僚や上司の「自覚なき差別」が本当は気になっているのに、なんでもないような顔をして働いていたり、ある人種やジェンダーのステレオタイプに一致する人物にならないよう、わざと自分とは違う性格を演じていたりするケースがそれにあたる。

いずれにせよ、感情労働には（客や同僚や男性配偶者などの）他者の気持ちやリアクションを常に気にかけ、それが実際の業務にプラスする形でのしかかってくる部分がある。

こうして、「他者の靴を履くこと」と「他者の顔色を窺うこと」が紙一重になり、混ざり合うのだ。「下」の人間は、「上」に立つ人々のことを考え、知るようになると同情の念を抱き始めるので、相手にひどいことをされても、その背景にある事情を考えてしまう。だから、例えば政府が緊縮財政で厳しい財政支出の削減を行い、福祉や医療、教育などのサービスが目に見えて劣化し、自分たちの生活が苦しくなっても、労働者階級はお上の事情を考えてしまうのだ。

労働者階級の人々に染みついている「助け合いの精神」を刺激するようなスローガン（例えば、「この国はこのままでは破産します」「未来の世代のためにみんなで我慢して借金を減らしましょう」など）を使って政府が福祉や医療などへの投資をケチっている理由を説明すると、なぜか当の苦しんでいる庶民のほうが「じゃあみんなでがんばって我慢しよう」と政府を支持してしまうのである。

支配者たちはまったく庶民の生活の厳しさなど考えもせず（だいたい成功する人たちは強い自我を持つ人たちなので）、ただ財政規律を守ったという数字の実績を残して自分が出世したいために福祉や医療や教育への支出を削り続けているだけかもしれないのに、下々の者が為政者へのいらぬエンパシーを発揮してしまうのだ。「政府にも苦しい財政事情があるのだから」と。労働者階級出身のグレーバーは、この庶民の思いやりについてアンビバレントな思いを抱きつつ、「我々の優しさが武器となって我々を襲ってきている」と書いた。

だからこそ庶民は、巧妙にお上が拵《こしら》えた物語《ナラティヴ》（例えば、「政府にはお金がないので、すべての人々が互いを支え合い、みんなが平等に参加・貢献できる社会を実現するために、貧困層から富裕層まで同じ税率で支払う消費税を増税します」とか）に騙され、経済的搾取のみならず、エンパシーまで搾取されてしまうのだ。

エンパシーを搾取されきった状態になると、人は政権に従順になり、その決定に抗う人々が他者への思いやりのない「邪悪な人」に見えてくる。それがエスカレートすると自警団のようなやり方で「邪悪な人」たちを攻撃さえするようになるのかもしれない。彼らはもはや自己を喪失し、政権を握る人々を映す鏡となっているのだ。

エンパシーが抑圧的社会を作る？

「鏡」となった人は、常に映す対象を必要とする。そのことをブライトハウプトはこう書いている。

ニーチェが示唆するところによれば、エンパシーは、無私になって外側からの刺激を待つことを必要とする。

こういう人（つまり「鏡」や「道具」）が増えるとどういう社会ができるかということを想像してみたい。無私の状態で外側からの刺激を待っている人が多いと、強烈な自己を持つ人を「鏡」に映してしまったとき、その対象に簡単に支配されてしまうのではないだろうか。ブライトハウプトは、現代のエンパシー信仰（エンパシーとは絶対に良いものであり、けっして悪いものにはなり得ないとする見方）に対する反論として、ニーチェの「超人」のコンセプトを使っている。彼は、こう書いている。

エンパシーを働かせる人は、憧憬の罠に落ちる。彼らは、尊敬すべき強く自由な自己を作り上げる（暴君、ワイルドな男性、または、何であれ彼ら自身が欲していることをする情熱的な存在）。この作り上げられた自己が、ニーチェが『ツァラトゥストラはこう語った』で描いたかの有名な超人である。それに比べると、エンパシーを働かせる側の人間は、フラットで空疎にくすみ、私心がない。

エンパシーを働かせるために自己を失う人は、もともと持っていた自分自身を失うのではなく、エンパシーの対象である強烈な自己との比較によって、自分の自我のなさを感じてどんどん無私になっていくのだとブライトハウプトは主張する。そうなってしまうと、空疎で希薄に感じる自分を、強烈な自我を持つ他者に譲り渡してしまうことになりかねない。その例として彼があげているのがストックホルム症候群だ。

1973年にスウェーデンの首都ストックホルムの銀行で起きた5日間の立てこもり事件で、4人の人質たちは最初は犯人を恐れていたが、だんだん心情に変化が生じ、犯人に対して協力的になり、人質が警察に銃を向けたりして犯人をかばうようになる。この犯人と被害者の奇妙な心理的つながりを以降ストックホルム症候群と呼ぶようになった。

一般に、ストックホルム症候群をエンパシーと関連付けて語る人はいない。こうした現象が起きるのは、誘拐事件や監禁事件などの非常に限定的でレアなケースであり、長い時間を共に過ごすことによって奇妙な心理的つながりが犯人と被害者の間に出来上がると信じられている。この心理的つながりが発生する原因は、被害者が生き延びるための無意識の生存戦略だと言われることも多い。だが、ブライトハウプトはここにもニーチェが言ったエンパシーの危険性が露見していると言う。つまり、観察の対象が、観察者よりも肉体的・メンタル的に強靭でパワフルな場合、観察している側が自らをどんどん空疎に感じて、相手に自分を明け渡すというのだ。

ブライトハウプトは、こうした人間の心理的な動きは、一部の企業や軍隊における研修の手法においても見られるのではないかと言う。また、結婚も、部分的にせよ自己の明け渡しを強制される意味では似ていると彼は書く。

もちろん、強盗や誘拐事件と企業の研修や結婚などを比較するのは飛躍が過ぎる気もするが、しかし、女性が男性に、子どもが父親に自己を明け渡すことが、法的に要求されてきたことは歴史を振り返れば事実である。このようにあからさまな非対称性が歴史の中で長いあいだ（特に、女性や子どもの側に）受け入れられてきた背景を考えてみると、ストックホルム症候群と夫婦や家族はまったく無関係でもないのではないかと思えてくる。

ブライトハウプトは、ストックホルム症候群は極端な形の結婚生活にも見られるのではないかと書いている。これを読んでまず思いつくのがDVだろう。DVは必ずと言っていいほどエスカレートする。それを知っていながら、少しずつひどくなっていく相手からの暴力に脅えながらでも、「いや、この人もつらいのだから」「こんなことを相手にさせてしまう自分の態度が悪かったのだ」と、被害者が加害者の靴を履き続けるために取り返しのつかない結果になってしまうケースは多い。自己を相手に譲り渡していなければ、自らの身体や生命を脅かす状況になる兆しを感じ取ったらまず逃げるはずなのである。第三者から見ていると、どうして逃げないのかというようなDV被害者と加害者の関係や、一般に共依存と呼ばれる関係にも、闇落ちしたエンパシーの影がちらつきはしないだろうか。

また、ブライトハウプトは、どんな大企業でも、あるいは政府や国際機関でも、組織のトップは人間の姿をし、人間の顔を持っていなければいけないと分析する。組織の構成員には関係性を持ち、共感し、自分たちと感情を分け合う代表者が必要だというのだ。これも、そもそも組織運営にはある種のエンパシー搾取が必要条件の一つとして組み込まれているからではないだろうか。巨大な組織になってくると、末端の構成員がトップに会う可能性はなくなってくる。このような場合には、想像力に訴える人物像を作り上げることが必要になってくる。創設者やCEOに関する逸話や伝説を企業が発信するのはそのためだ。人々が企業の創設者やCEOに寄せるエンパシーの度合いは、今日の職場における忠誠心を考えるときに重要なファクターになるというのだ。

そう考えると、エンパシーは個人を組織に従属させるツールにもなる。人間は常に一人の他者の靴しか履けず、複数の他者の靴をいっせいに履くことはできないという「エンパシーのスポットライト効果」を指摘したのはポール・ブルームだったが、逆にたった一人の靴を大勢の人間が履くことは可能だ。これを利用し、トップに立つ一人の人間に組織を象徴させれば、大人数の組織でも構成員の忠誠心を獲得することができ、政治的システムが出来上がって行く。トップが亡くなると構成員とのエンパシーによる忠誠を引き出す役割は、二代目、三代目のトップへと引き継がれる。だとすれば、どれほどAIが進化して人間よりも適切な判断を下すことができるようになったとしても、企業のトップに据えることはできないだろう。人間がAIの靴を履くことができるようになるまでは無理だ（もちろん、そうなる日が来ないとは誰にも言えない）。

ブライトハウプトの論を読むと、西洋文化におけるトップダウン型の古い支配の構造には、奴隷が主人へ向けるボトムアップ型のエンパシーの要素が入っていると考えずにはいられない。トップダウンとボトムアップの議論は昨今さかんに行われていることだが、トップダウン支配を可能にしているのがボトムアップのエンパシーだとすれば、グレーバーでなくとも悲しくなってくる。

そうなってくるとエンパシーはトップダウン型の支配に必須のものであり、上からの支配を維持・強化し、抑圧的な社会をつくるために欠かせないものになる。

エンパシーとアナーキーはセットで

こうした考え方で行けば、現代の米国の若者たちがエンパシーを失っていたとしても別に憂うべきことではないのではないかとブライトハウプトは論を進める。約10年前、『Changes in Dispositional Empathy in American College Students Over Time : A Meta-Analysis』という調査報告書が大きな話題になった。ミシガン大学の研究者、セイラ・コンラスが行ったこの調査で、当時とその30年前とを比較すると、カレッジの学生たちはエンパシーを40％失っていることが判明し、しかも、２０００年を超えるとエンパシー能力が著しく減少していたことがわかった。

エンパシーの定義についてはこの当時も激しい論争があった。それはコグニティヴ・エンパシー（自分が他者の立場だったらどうだろうと考える想像力）のことなのか。それともシンパシーと同類のエモーショナル・エンパシー（共鳴、共感、同情）のことなのか。そして人々が他者に共感するのは自分のストレスのレベルを軽減するためなのか？

こうした議論は現在も続いているが、この調査でコンラスが用いたのは、「Interpersonal Reactivity（対人反応性）」の4つの分野だった。「他者の不幸に対する共感的配慮、またはシンパシー」「他者視点取得（他者の視点を想像してみる知的能力）」「ファンタジー、または本や映画の中のフィクションのキャラクターを想像して自分に重ねる傾向」「他者の不幸により感じる苦悶、すなわち個人的な苦痛（例えば『誰かが緊急時の助けを必死で求めていると、こっちまでオロオロしてしまう』）」の4分野だ。

現代のカレッジの学生たちは30年前の学生たちに比べ、「他者の不幸に対する共感的配慮、またはシンパシー」が48％も低かったという。「他者視点取得」でも34％低かった。

30年の時間の隔たりがあれば、当然ながら米国の社会状況や人口統計（人種、宗教など）は変わっている。それなのにまったく同じ質問を若者にして単純比較することは有効なのかという疑問は残る。しかし、それでもこの報告書が発表されると、メディアは「現代の若者たちは他者への思いやりをなくし、自己中心的になっている」と騒ぎ立てた。

だが、自己中心的でナルシスティックな若者が増えているということは本当にそんなに悪いことなのかとブライトハウプトは疑問を投げかける。

なるほどニーチェ的に言えば、エンパシーに長ける人は自己がなくなり、強烈な対象に自分の意見やアイデンティティを譲渡しやすい。つまり、パワフルな対象に支配されやすいのだ。そうであれば、若い世代でエンパシーが減少していることは、自信を持った新たな世代の登場と考えることも可能だ。自分の事柄にかまけ、エゴイスティックになれる人々が増えれば、強烈でカリスマティックな他者が現れたときに自分を明け渡し、その対象に自分のアイデンティティを重ねる人は逆に減るということだろう。

エゴイスティック、自己中心的、ナルシスティック、わがまま、などの言葉は一般的に悪いことだと言われる。しかし、これらが頭から「正義ではないもの」と認定され、社会から一掃しなければということになれば、一様にストックホルム症候群にかかりやすい人々の群れができてしまう。

ストックホルム症候群やDVなどにおける犯人が為政者で、被害者が民衆、と置き換えることすら可能であるような悪政が行われている場合にも、エンパシー体質の人々は権威に支配され続ける。そして、権力に反旗を翻そうとする人々を「わがまま」と言って糾弾することにさえなるのだ。

そうなってくるとエンパシーに満ちた社会はたいそう抑圧的な場所になる。確かにこれはエンパシーのダークサイドであり得るだろう。逆に、わがままで自分勝手な人の多い社会のほうが自由で解放的な場所にさえ映って来る。
本書の冒頭で、アナーキーとエンパシーは繋がっている気がする、というきわめて主観的な直感を述べ、アナーキック・エンパシーという新しいエンパシーの種類を作る気概で書く、と大風呂敷を広げたのだったが、実は両者は繋がっているというより、繋げなくてはならないものなのではないか。アナーキー（あらゆる支配への拒否）という軸をしっかりとぶち込まなければ、エンパシーは知らぬ間に毒性のあるものに変わってしまうかもしれないからだ。両者はセットでなければ、エンパシーそれだけでは闇落ちする可能性があるのだ。

エンパシーの毒性あれこれ

『The Dark Side of Empathy』には他にもエンパシーの闇落ちの例が出てくる。

例えば、「エンパシー的サディズム」というものがあり、エンパシーは他者を傷つけるために使うこともできるという。ポール・ブルームも『反共感論』の中で、詐欺などの犯罪を行う者は、誰かの立場に立って考える能力があるから他者の心を読むことができると書いていて、サイコパスはエンパシーが欠如しているどころか、その能力に長けているから人々を思うままに操作できると指摘していた。しかし、ブライトハウプトは、他者を操ることではなく、他者を傷つけることを題材に取り上げている。いじめや恥辱、支配といった状況下にある人々の感情を想像して楽しむことだ。しかも、これはサイコパスなどの特別な資質を持つ人々の話ではない。どこにでもいる一般の人々の大半にこれを見ることができるという。他者の靴を履いてその対象の痛みをヴィヴィッドに想像できればできるほど、他者の痛みをエンジョイできるというのだ。

この種のサディスティックなエンパシーはSNSでは日常的に見ることができる。どう書けば他者を有効にこきおろすことができるか、どの写真を拡散すれば致命的に恥をかかせることができるか等を、攻撃したい人の立場に立ってサディスティックに想像し、にやにやしたり、目をきらきら輝かせてスマホやパソコンで書き込みを行っている人はいまこの瞬間も無数にいるだろう。

しかし、このようなサディズムはいじめやリンチなどの実際の行為に限ったことではなく、架空の他者の靴を履くことまで含めるとすれば、わたしたちは読書や映画などで日常的に体験していると言えるだろう。昔から悲劇が愛されてきたのは、読者や視聴者が精神的な高揚感を得ているからであり、そうでなければそんな暗い話は嫌だとただ敬遠されるはずだ。

さらに、すごいネーミングなのが「バンパイア的エンパシー」だ。これは、他者の経験を自分自身の経験であるように感じ過ぎるために、自分と他者の壁がなくなってしまい、不健康なまでに密着した関係になってしまうというものだ。誰かの体験をシェアする機会があまりに長く持続的に存在すると、それが他者の体験であることを忘れ、自分の意志で他者を動かしたくなるという。その例として挙げられているのがヘリコプター・ペアレント（上空から子どもを常に監視し、何かあると降りて来るヘリコプターのように過保護・過干渉な親）だ。

そういう親は、子どもを自分の思い通りにしたい支配欲の強い性格であり、本人の人間性の問題だと片付けられがちだった。しかし、ブライトハウプトによれば、ヘリコプター・ペアレントという現象にも、エンパシーという人間の能力が介在しているという。親は長い年月、子どもを育てながら、子どもの成功の喜びや失敗の悲しみを身近で目撃し、分かち合う。そうするうちに、子どもの靴を継続的に履いて嬉しさや悔しさを自分ごとのように感じるようになる。こうやれば失敗しないのではないか、こうやったらうまくいくのではないかと自分のことのとして考えるようになってしまうのだ。こうして子どもの成功は親の成功となり、子どもの失敗も親の失敗になってしまうので、親がすべての決断を自分で下し、子どもを従わせようとする。子どもには失敗を経験する権利があることを認めなくなるのだ。これなどは、他者の靴を長いこと継続的に履きすぎて、本来の持ち主に返さなくなっている状態だろう。

さらに興味深いことには、ブライトハウプトは、友と敵に分かれて争う昨今の社会現象についても、エンパシーはその緩和剤になるという一般的な見方を否定している。エンパシーはむしろ「友vs敵」の二極化が激しくなる要因になるというのだ。わたしたちは紛争などの揉め事はエンパシーを使うことで解決できると思いがちだが、実はエンパシーが対立を悪化させていると彼は言う。家族内の揉め事から内戦に至るまで、二派の対立が始まると人間はどちらかの味方をしがちである。両者の靴を履いてみても、やはりどちらかの言い分が正しいと思うと、どうしてもそちらに気持ちが傾く。そうなると、自分が正しいと思っている陣営の気持ちや状況を理解すればするだけ、それに反対する立場の陣営が必要以上に邪悪で、間違った存在に見えてくるというのである。

ニーチェ風に言えば、エンパシーに長けた人は「自己の喪失」によって二派のどちらにも加担できない両論併記派になりそうな気がする。が、実はそうではなく、自己がないばかりに他者（あるいは陣営）がその空洞に入り込み、彼らの敵がそのまま自分の敵であるように見えてくるというのだ。

このエンパシーの力学をうまく利用してきたのがドナルド・トランプだとブライトハウプトは書く。彼はトランプを「エンパシーの達人」とさえ呼んでいる。トランプがエンパシーに長けているというわけではない。まったく逆で、彼は他者からエンパシーを集めるのが得意だというのだ。

彼は「俺vsメディア」「俺vsエリート知識人」「俺vs陰謀家たち」という風に、世界全体を敵に回して戦っているかのようなナラティヴを用いる。他者に対するエンパシーを働かせやすい私心のない人が、強烈な自我を持つ人に弱いことは以前にブライトハウプトが指摘したことだが、自信満々で、破天荒で、ポリコレなど微塵も気にせず自分の感情を爆発させるトランプが、全方面から攻撃されている「ひとり戦隊」を演じれば演じるほど、人々のエンパシーに訴えることができるのだ。この説は、少なくとも「何であの人が」という、他者への思いやりがありそうな人がトランプを支持している事実を理解するうえで役立つかもしれない。さらに、なぜか日本にまで大統領選でのトランプの敗戦を認めない人々が存在し、街頭でデモを行ったりしているという奇妙な現象も、彼らを突き動かしているのは実は陰謀論ではないのかもしれない。そもそもトランプはアンダードッグを気取って出てきた人だから、本当に負けてしまったとき、支持者による彼への感情移入がマックスに高まるのは当然だろう。

この議論をさらに過激に発展させる形で、ブライトハウプトは、エンパシーの毒性を示す例の一つとしてテロリズムを挙げている。テロリストは一般に思われているようにエンパシーが欠けているから残酷な事件を起こすのではないとブライトハウプトは言う。むしろ、テロリストは紛争の片側の陣営に気持ちが寄り添い過ぎて、対立陣営から不当に彼らが苦しめられていると強く感じるようになり、相手が自分自身の敵に思えて来てテロリストになってしまうのだという。こうした片側の陣営への肩入れは、紛争の被害者や経験者、影響を受けた人々ではなく、経済的に不自由のないミドルクラスの人間に起きることがしばしば見られる。

「友vs敵」の構図の強化（トランプだけでなく、ポピュリズムは通常このやり方で支持を伸ばす）からテロリズムまで、ここまで挙げたエンパシーの闇落ちの例は、靴を履いた対象に自己を支配されてしまっている例だ。他者の靴を履いて、自分の靴を見失ってしまったら元も子もないのである。

いいものでも悪いものでもない、という理解

エンパシーは抑圧的な社会をつくり、サディスティックに他者をいじめる燃料になり、毒親やテロリストの成分ともなって、エンパシーに長けた人こそドナルド・トランプのような指導者に弱い。このように極端なことをセンセーショナルに主張する本が登場すると、激しい反論が出てくるのは当然である。

『Social Empathy: The Art of Understanding Others（ソーシャル・エンパシー：他者を理解する技術）』の著者であり、アリゾナ州立大学でソーシャル・ワークを教えているエリザベス・A・シーガル教授は、psychologytoday.com掲載の「エンパシーにダークサイドなどなく、人々にダークサイドがあるだけ」という記事（2019年4月14日）の中で、ブライトハウプトの本に反旗を翻している。

この記事の中でシーガル教授は、エンパシーに関する議論が深められていくことは歓迎したいが、「エンパシーが何であるかについての不正確な記述によって論点がぼかされた誹謗《ひぼう》

は、エンパシーにはダークサイドがあるので他者の気持ちを考えてみる必要はないと人々が主張することを助長するのではと懸念している」と書いている。そして、エンパシーとは複雑なスキルであり、まず他者の感情はあくまでも他者に属するものであることをわきまえ、他者の経験を想像するときに自分の解釈を押し付けないことが必要である。それに加えて、他者の生活を彼らが属する集団の歴史的背景などを含めたコンテクストの中で理解せねばならず、これら全てを数分で、または数秒で行わねばならないからこそ、エンパシーとは非常に高度なタスクなのだと同教授は言う。これができるようになるには長い時間と訓練が必要で、エンパシーの習得は一生かけたプロセスなのだ。時代が変われば社会状況も変わるので、エンパシーを働かすときに使う知識も常にアップデートされねばならない。「これでできるようになった」という習得完了地点は、エンパシーにはないのである。

このように、エンパシーは一つのスキルであるから、それ自体には光も陰もない。光にするのも陰にするのも、その技術を使っている者次第だと同教授は言う。

他者の感情を想像するという側面がいじめという行為に含まれるにせよ、そこで使われているものはエンパシーではないと同教授は反論する。同教授によれば、相手の心情を想像してより効果的に傷つけようとしている人々は、他者の靴を履いて「自分がその人だったらこういう風に扱われたい」と考えているわけではないから、そういう人々にエンパシーがあるとは言えないのだという。だとすれば、同教授が定義するエンパシーには、新約聖書の「人にしてもらいたいと思うことを、人にもしなさい」（ルカによる福音書6―31）が基盤として存在していることになる。しかし、それでは、同教授がエンパシーそれ自体は良いものでも悪いものでもないと主張するのはちょっと無理があるのではないかと思えてくる。そこにはやはり「善」であるという大前提がある。なぜなら彼女は「人にしてもらいたいことを人にする」というところまでを込みにしてエンパシーを定義しているからだ。

同教授は、『The Dark Side of Empathy』の考え方を懸念するのは、その議論がエンパシーそれ自体を捨てることにつながる滑りやすい泥水のようなものだからだと主張する。レイシズムやセクシズム、反ユダヤ主義、ホモフォビア（同性愛嫌悪）などを経験している人々、またはいじめや、能力や性質が違うゆえの嘲笑などを経験している人々にとって、エンパシーは悪い行為をチェックするためのガードレールのようなものであり、他者が本当に経験していることを理解して「あっ」と気づく瞬間を与えると同教授は説く。それゆえに人間の悪い行動がエンパシーの背後にあるスキルのいくつかを使って行われることがあっても、「それはエンパシーではない」というのだ。他者の靴を履いて他人の弱点を知ろうとすることはエンパシーを貶《おとし》める行為であり、エンパシーを使ってよりよい人間同士のつながりを築く可能性を妨害することであると同教授は結論する。

であれば、同教授のエンパシーの定義はやはり光のほうに傾いたポジティヴなものだ。エンパシーそれ自体は光でも陰でもないという彼女自身の言葉と矛盾している。

ここではない世界の存在を信じる力

『The Dark Side of Empathy』のブライトハウプトは、エンパシーという能力を伸ばす必要性を倫理的なものとして考えないほうがいいという立場を取っている。そして、同書でエンパシーが闇落ちする姿をこれでもかというほど書きながら、やはりエンパシーは人間にとって必要不可欠なものであると言う。彼も、エンパシーは人間同士が助け合うことを可能にするものだという点は認めているのである。

しかし、エンパシーはそれを受け取る側の人間にとって「良い物」であると強調され過ぎであると彼は言う。むしろ、ブライトハウプトの主張は、エンパシーはそれを向けられる対象ではなく、その能力を使う本人にとって「良い物」だというものだ。エンパシーは、それを使う本人の審美眼や洞察力を高める上で役立つ能力だというのだ。つまり、誰かのためにというより、自分のためになるというのである。

エンパシーがどう自分にとってためになるのか、彼は三つの点にまとめている。

1. エンパシーは我々が一つではなく、複数の世界に住むことを可能にしてくれる。エンパシーを通して我々は他者の経験を想像し、実際に心情的には一緒に体験し、他者の周囲にある世界への感情的・知覚的なリアクションに参加する。これに密接に結びついているのは、人間のナラティヴの能力だ。それは、読者や観客を、そこで出会わなければアクセスできなかっただろう新たな世界へと連れて行く。(後略)

2. エンパシーはある一つの状況の経験を、別の視点を開くことによって複合的にすることができる。それは我々が複数の視点(同じ状況を違う視点から見ている自分の視点と他者の視点)の間を行き来することを可能にする。(中略)エンパシーが持つ我々の視点を複合的にする力は、我々が社会生活を送る上で必要不可欠なものだ。

3. エンパシーは、純然たる存在を感じられる瞬間(重要性の感覚)の美的強度を高める。このような瞬間は、独特の時間的構造を持つ。我々が強烈にある瞬間に吸い込まれているとき、我々はその瞬間の未来や過去を想像して経験し、その出来事のオルタナティヴなヴァージョンを考える。それは反事実的なヴァージョンを含んでいて、あたかも精神的にその瞬間を一巡して元に戻ったり進んだりし、時間的推移の結び目をつくっているようだ。(後略)

エンパシー能力が低い人は、エンパシー能力が高い人に比べて、世界の見方に広がりや深みがなくなるとブライトハウプトは言う。だから、倫理的な効用と言うよりも、個人の視野に広がりと深みを持たせるためにエンパシー教育が役立つとも主張している。エンパシーを教える必要性を感じている点では、彼もエンパシーの倫理的（あるいはキリスト教的）側面を強調する人々と一致している。他者の視点に立つことによって一つの状況を複眼的に見られるようになるという前述の「2」の指摘は、ポール・ブルームがエンパシーには物事を限定的にしか見えなくする「スポットライト効果」があると言ったのと対照的だ。

彼が指摘していることでもう一つ面白いのは、エンパシーは必ずしも他者理解のためだけの能力ではなく、自己理解にこそ有益ではないかということだ。自分の気持ちや考えを理解するということは意外と難しい。しかし、他者の経験や考え、感情をシェアしているうちに、自分が感じているのもこういうことじゃないのかと気づくことがあるというのだ。これは読書や映画鑑賞の経験が人間に与え続けてきた「気づき」だろうし、他者を演じることによって自分の感情も理解できるようになるという演劇教育のコンセプトにも繋がる。エンパシーは利他的だと思われがちだが、やはり利己的なのである。他人のためというより、自分のために要る能力なのだ。

自分のためのエンパシーと聞くと、思い出すのはやはり金子文子だ。

彼女の幼少時代については『何が私をこうさせたか』という自伝に書かれているが、（それがすべて真実だったとするならば）彼女は両親から育児放棄と虐待を受け、無戸籍だったために学校でも差別され、教員たちにもいじめられた。よくぞ生き抜いたというような残酷な幼少期を送りながら、そこで一発逆転が起こる。朝鮮にいる非常に裕福な祖母が、子どもができない叔母の養女にすると言って迎えに来るのだ。それだけならシンデレラストーリーのようだ。だが、朝鮮に渡った金子文子は、実はさらにいっそう激しい虐待を受けることになる。実の祖母と叔母から殴る蹴るの暴力をふるわれ、何日も食事を与えられないという状況になったとき、彼女はもう死んだほうが楽だと考えて自殺しようとする。

錦江という河川の岸辺に立ち、投身自殺をしようとするその瞬間、金子文子の頭上で油蟬が鳴き出した。その声で我に返った文子はあたりを見回し、さっきまでとは周囲の風景が違って見えることに気づくのだ。それは想像を絶するほど美しかったのである。

「祖母や叔母の無情や冷酷からは脱《のが》れられる。けれど、けれど、世にはまだ愛すべきものが無数にある。美しいものが無数にある。私の住む世界も祖母や叔母の家ばかりとは限らない。世界は広い」

金子文子は13歳で自殺を思いとどまったときの心情をこう書き残している。

この「世界は広い」の覚醒は、唐突にどこから来たものだろう。

彼女が聞いた油蟬の鳴き声が、他者の視点を注入する役割を果たしたとは言えないだろうか。死のう、死んで楽になろうと思いつめ、緊迫した心情で暗い川の淵を見つめている文子が認知していた彼女の世界はいつも醜く過酷だった。しかし、彼女とは違う存在が、力強く頭上で鳴き始めたのだ。文子の切羽詰まった心情とは関係なく、淡々といつも通りに生きている油蟬や山や木や石や花。それは美しく静かで平和だった。その気づきが、狭まっていた彼女の視野を一瞬にして押し広げたのではないだろうか。

私の世界とは違う世界がある。世界は広い。きっと、ここと は違う世界がある。

いまとは違うオルタナティヴな世界はあるのだと信じられるからこそ、どれだけ状況が過酷であろうと、そこから脱することは可能だと思えるのだ。この金子文子の確信を、鶴見俊輔は「彼女の思想の根もとにある楽天性」（「金子ふみ子——無籍者として生きる」『鶴見俊輔コレクション1　思想をつむぐ人たち』河出文庫）と呼んだ。

「エンパシーは我々が一つではなく、複数の世界に住むことを可能にしてくれる」というブライトハウプトの記述に照らし合わせれば、まさに金子文子はエンパシーという能力を持っていたので「ここと は違う世界」が在ることを知っていたと言えるだろう。

当然ながらエンパシー教育など受けていない文子にどうしてこの能力が豊かに備わっていたのかを考えてみるのも興味深い。彼女は、無戸籍でまともに連続して学校に通えなかったのでけっこうな年齢になるまで字が読めなかった。だから、子どもの頃、母親が野菜を買うときに包んで持って帰って来る古新聞を眺め、そこに書かれてあることを想像して遊んでいたらしい。ここにある写真の人は、こういうことをした人に違いない、この人の育ちはきっとこうで、という風に勝手に新聞記事の内容を拵えて遊んでいたのだ。

シュタイナー教育の創始者、ルドルフ・シュタイナーは7歳まで子どもには文字の読み書きを教えてはならないと言ったことで有名だ。その年齢に達するまでは物語の読み聞かせや詩の暗唱、歌を歌うことなどでオーラルに言葉を教えることに長い時間をかけたほうが子どもの想像力や創造性が高まると信じていた。金子文子は、そうした特別な教育を受けたわけではないが、たまたま無戸籍で国家が作った学校にまともに通えなかったため、奇しくもシュタイナー教育の言語教育と同じようなルートを辿ったと言えないだろうか。

想像力が「違う世界」（ベタな表現だが「オルタナティヴ」と言ってもいい）の存在を信じることを可能にし、それが人の「根もとにある楽天性」になるとすれば、エンパシーはやはり個人が自分のために身に着けておくべき能力であり、生き延びるためのスキルだ。ここではない世界は存在すると信じられなければ、人はいま自分が生きている狭い世界だけが全てだと思い込み、世界なんてこんなものだと諦めてしまう。そうなれば、人はあらゆる支配を拒否することなどできない。

アナーキーがなければエンパシーが闇落ちするのと同じように、エンパシーがなければアナーキーも成立しないのだ。

わたしがわたし自身を生きるための力

アナキストの金子文子は、亡くなる前、宇都宮刑務所栃木支所でシュティルナーを読んでいた。エンパシーの闇落ちがニーチェの言う「自己の喪失」によって起き、それを防ぐためにアナキズムの注入が必要であるとすれば、ここで思い出さずにいられないのがやはりシュティルナーの「エゴイスト」の定義だ。

マルクスやエンゲルスにも多大な影響を与えた哲学者シュティルナーは、人は「自由な人間」になるだけでなく、「所有者」にならねばならないと書いた。人は「自己を所有しなければならない」というのだ。これはニーチェの「自己の喪失」と繋がる概念だろう。シュティルナーは、正義、真理、法、大義、公共の善、祖国、神、宗教などを「聖なるもの」と呼び、これらに導かれる者は自身も聖なる者になれるのだ、という通俗的な構図を徹底的に批判した。

シュティルナーが主張したエゴイストとは、他人の被る不利益も顧みず自らの利益にのみ拘泥する人間というような今日の用法的な意味ではない。シュティルナーのエゴイストとは、あらゆる「聖なるもの」（それらは亡霊のように実体のない抽象的観念に過ぎないと彼は斬り捨てた）を徹底的に否定し、具現し、経験し、体感する自己を誰にも（いかなる観念にも）所有させずに生きる人のことだ。シュティルナーは『The Ego and His Own: The Case of the Individual Against Authority』にこう書いている。

人間よ、君たちの頭は取り憑かれている。（中略）君は偉大なることを想像し、君のために存在する神々の世界や、君を呼んでいる精神の世界や、君を手招きしている理想を思い描く。君は固定観念を持っているのだ！

シュティルナーはこうした固定観念を「亡霊」と呼んだ。この「亡霊」から自己を支配されることを拒否するのがエゴイストなのである。

さらに、「亡霊」と同じようにシュティルナーが批判したのが「自己否定」である。何らかの崇高な観念（自由とか）を目的として自己を否定すれば、生身の具現する人間としての自己は消滅する。精神や欲望は人間が所有すべきものであり、それらに所有されるべきではないのだ。シュティルナーにとっての自己性とは、自己所有者のことなのである。『The Ego and His Own』を『自我経』と訳した辻潤は、「自分だけの世界」（『辻潤著作集3』オリオン出版社）という文章でシュティルナー（スチルネル）についてこう書いている。

ニイチエは「超人」を説いた。スチルネルには「超人」の要はなかった。「超人」は「人間らしい人間」「真人」などと同様、スチルネルにとっては無用な幻影である。自分は「血肉のこの自分」で沢山である。（仏教の「即身即仏」参照）人は生まれながらその人として完全である、その人として生長し、その人として死ねばそれでいいのである。「真人間」にも「超人」にも「犬」にも「仏」にもなる必要もなければ又他から「なれ」という命令を受けることも無用なのである。

資本主義も社会主義も共産主義も批判したシュティルナーが描いていたヴィジョンは「エゴイストの連合（Union of Egoists）」だった。彼は道徳的で利他的な社会主義は必ず凋落すると説き、エゴイズムに基づいた社会主義に可能性を見ていた。シュティルナーは、構成員に自己を否定させ、自己を明け渡させる国家の代わりに、自由な合意に基づく、構成員の「相互利益」から成る自発的なアソシエーションを思い描いていたようだ。辻潤はこのヴィジョンについてこう書いた。

そして彼の哲学や、所謂彼の暗示している個人の自由な結合状態というようなものが、果してこの世で実現され得るか否かということも甚だ疑わしいことである。しかし彼の哲学によって人は各自の自我を意識することだけは出来る筈だ。少くとも僕にはそれが出来たと信じている。そして若しかくの如き自覚をもって集合した人々が相互にその自覚した立場を理解し得たら、或は彼の予想した「所有人」の最も自由な結合が出来ないとも限らない。つまり、相互の「わがまま」を認めて許し合う「結合」の状態である。そして、結合することによって相互に自分を利すると考える人々のみが集まればいいわけである。若しその必要を認めなければ、無理にその仲間に這入りこむ要はないのである。それを統治するなん等の権力もない混然たる個人の結合なのである。

この記述を見てもわかるように、エゴイストは利己的な人びとだ。自分を利すると思える、ということが行動の基準となる。しかし、自分の視野を広めるために働かすエンパシーは、他者への思いやりにも繋がる。愛にしたって、人を愛するのは自分にとって気持ちがいいからするのであり、対象のために注いでいるとは言い難い部分もあるが、対象も愛されることによって気持ちがよくなる。利己的であることと利他的であることは相反するコンセプトではなく、ほとんど必然的に一体であるといってもいい。己も他も、とどのつまりが人間だからである。システムや立場や組織や権威などではなく、人間をまず利していこうとする態度だからだ。

だからこそシュティルナーはエゴイストが増えれば増えるほど社会から対立や争いは減ると考えていた。自己を物事の中心に置く人々は「『わがまま』を認めて許し合う」からだ。そしてエゴイストであることを停止して何かに自分を明け渡し、進んで何かに支配される人が出てこないよう、エゴイズムは相互扶助（トップダウンの支配関係とは違う水平の助け合い）の方向に進まなければならないと信じていた。

さらに、他者の靴を履くことが複合的に物事を見る訓練になるのだとすれば、それもまた「エゴイストの連合」の実現のためには不可欠である。いまここにあるシステムや考え方や理想や常識（「集団の善のためには個人のエゴは慎まねばならない」「わたしの利益はあなたの損失である」「利己的と利他的は相反する概念である」など）とは違う別の世界は可能だと思える想像力がなければ、誰が提唱するどのようなヴィジョンであれオルタナティヴは「あり得ない」としか思えない。

個人は心臓、社会は肺

シュティルナーとニーチェに深い影響を受けたアナキストとして知られているのがエマ・ゴールドマンだ。彼女はおもに米国で活動したが、20世紀前半のアナキズム運動、女性解放運動において世界に影響を与えた。日本の伊藤野枝も彼女に大きな影響を受けている。エマは、『Anarchism and Other Essays』の序文の中で、この二人は誤読されてきた著者たちであると指摘する。例えば、ニーチェは「超人」の概念を信じていたので弱者を嫌っていたと言われがちだが、彼はむしろ「末人」や奴隷を生み出さない社会状況を求めていたのであり、浅い読み方をする人々はそれに気づかないと書いた。さらに、シュティルナーも我利我利の自己中心主義を推奨したように思われているが、彼の個人主義には偉大なる社会の可能性が含まれていると評し、個人の解放と、それら個人の自由な努力こそが、自由な社会を可能にするのだと主張していた。

エマ・ゴールドマンは、相互扶助を唱えたクロポトキンを「わたしの愛する教師であり、同志」と呼んだ（『My Disillusionment in Russia』）。しかし『Anarchism and Other Essays』収録の「Anarchism: What It Really Stands For」を読むと、シュティルナーの個人主義の影響を受けているのも明白である。彼女はシュティルナーの個人主義とクロポトキンの相互扶助を接合させ、両立させようとしていたように思える。彼女はこう書いている。

アナキズムは人間に自己意識をもたらす唯一の哲学であり、神、国家、社会は存在せず、それらの契約は無効であると主張し続ける。なぜなら、それらは人間の服従を通してのみ達成されるからだ。アナキズムは、自然の中のみならず、人間の中における生の統一の教師である。個人と社会的本能は対立しない。ちょうど心臓と肺が対立しないように。一方は貴重な生命のエッセンスの器であり、他方はそのエッセンスを純粋に濃厚に保つ成分の収納場所なのだ。個人は社会の心臓、つまり社会的生活のエッセンスを保存しており、社会は生活のエッセンス——それは個人だ——を純粋に濃厚に保つための成分を分配する肺である。

エマ・ゴールドマンは、人間は心臓と肺がなければ生きられないように、個人と社会もどちらか一つを取ることはできないものであり、どちらかだけでは機能しないと言っている。

神や国家といった「亡霊」だけに頼り、その権力によって人々を服従させて行う統治はどんなものであれうまく機能しない。なぜなら、往々にしてそこでは個人が死んでいるからだ。アナキズムこそが個人と社会を和解させられる調停者なのだとエマは信じていた。

アナキズムは人間を捉えている亡霊たちから人間を自由にする偉大なる解放者だ。それは個人と社会という二つの力を調和させる調停者なのだ。アナキズムは、その統一を成し遂げるために、個人と社会的本能、個人と社会が調和的に融合することを妨げて来た有害な支配者たちに宣戦布告したのである。

有害な支配者たち。それは現代でも様々な形で存在している。それは人間や組織の形だけを取らない。シュティルナーが言った「亡霊」には、様々な慣習やどうしてそこにあるか意味がよくわからないもの（ブルシット・ジョブなど）、誰が言い出しっぺなのか、なぜ従う必要があるのかわからないのに誰もが従う「空気」というやつもあるだろう。「ブルシット・ジョブ」にしても「空気」にしても、これらは、実際のところ本当に実体も正体もないものたちなので、ダブルの意味で「亡霊」である。つまり、シュティルナーの時代よりも現代のほうが、よっぽど「亡霊」たちの亡霊度が高まっている。人々はそれらが亡霊であるとはっきり知っているのにそれでも支配されてしまっているからだ。

こうした「亡霊」たちに支配されることを徹底的に拒否すれば、個人と社会は調和的に融合するとエマ・ゴールドマンは確信していた。「亡霊」に支配されなければ、「利己」と「利他」は、もともとそうであったように、また出会い、溶け合って一体化する。なぜなら、それはともに「利人間」だからだ。

個人と社会は対立しない。「社会全体のことを考えるなら個人は自由であってはならない」とか、「個人は社会に迷惑をかけないようにしなければならない」とか、前者と後者は基本的に溶け合えないものであるかのような考え方こそが、シュティルナーからエマ・ゴールドマン、グレーバーまでが乗り越えろと言い続けてきた「固定観念」なのだ。

個人と社会が対立概念でないように、アナキズムとエンパシーも対立しない。むしろ人間の心臓と肺のように、調和的に融合するものであり、アナーキック・エンパシーこそが純粋で濃厚な生のエッセンス（それは個人だ）を死なせない場所に社会を変える。エゴイストの連合を顕現させるには、アナーキーとエンパシーが必要なのだ。

エマ・ゴールドマンは前述のエッセイ「Anarchism: What It Really Stands For」でアナキズムが何であるかをこう結論している。

それは、個人主権の哲学だ。それは、社会調和のセオリーである。そして世界を作り変えている、湧き上がる偉大な現存の真実であり、夜明けの先駆けとなるだろう。

夜明けの先駆け。それはエマの言う個人主権の哲学、すなわち「生きる主権は我にあり」と自覚する人間の出現である。こうした人々が出現し、だんだん増えて行く限り、世界はすでに作り変えられている。アナキズムは常に進行中の事実なのだ。

第11章 足元に緑色のブランケットを敷く

二つのフリースクール

英国には「フリースクール」と呼ばれる学校がある。２０１０年に誕生した保守党と自由民主党の連立政権（いまとなっては忘れている人も多いが、悪名高き英国の緊縮政府には自由民主党も入っていた）が始めたフリースクール制度によって設立された学校だ。この制度は、一定の基準さえ満たしていれば自由に学校を開けるというもので、政府が直接その資金を援助し、他の公立校のように地方自治体の管轄下におかれない。当初は、保護者や教員のグループや宗教団体、慈善団体、大学などが学校を設立する母体として想定されていた。

しかし、いまでは「アカデミー」タイプの学校が複数のフリースクールを運営していることが問題視されている。ちなみに、「アカデミー」はブレア元首相率いる労働党政権が作った学校制度で、荒れた公立学校に民間からの資金を投入して再生させるという計画が基盤にあった。が、企業も「アカデミー」のスポンサーになれるため、公立校の民営化として（表向きには「アカデミー」はいまでも公立校に分類されているが）批判された。民間スポンサーが存在することで教員の賃金や待遇も独自に決めることができ、そのため教育格差につながることや、一部のアカデミーが多数のアカデミー経営に乗り出したことも公立校のビジネス化と非難されていて、いまや「フリースクール」もアカデミーとほぼ同義語になっている。

だが、このような21世紀のネオリベ的「フリースクール」とはまったく違う、もう一つの「フリースクール」が存在する。それは、20世紀初頭のアナキストたちが作った学校だ。前世紀には、「フリースクール」とは、国家的なカリキュラムやヒエラルキーに支配されず、アナルコ・コレクティヴィズム（無政府集産主義）の精神で自由に運営することを目指した学校の呼び名だったのである。

このような学校の一つとして有名なのは、英国サフォーク州にあるサマーヒル・スクールである。設立者のアレクサンダー・サザーランド・ニールは、スコットランドで教員の子どもとして生まれ、自らも教師の道に進んだが、学校教育の在り方に大きな疑問を持つようになって、1921年にドイツのドレスデンで学校を開く。そしてその数年後に英国に戻り、ドーセット州のライム・リージスのサマーヒルと呼ばれる家で学校を始め（最初の生徒数は5人だったという）、1927年に現在のサフォーク州に学校を移転した。

ドイツのドレスデンで彼が開いた学校はノイエ・シューレというインターナショナルスクールの一部だったそうだが、彼はその学校全体の運営の在り方に不満を抱くようになる。その理由がサマーヒル・スクールの公式サイトにこう書かれている。

　彼はその学校を運営しているのは理想主義者たち（彼らはタバコやフォックストロット〔著者注：当時はやりのダンス〕や映画を良しとしない）だと感じた。彼は子どもたちに自分自身の人生を生きてほしいと思っていたのに。

「ダンスのできない革命はいらない」というエマ・ゴールドマンの有名な言葉を思い出すような記述だ。実際、ニールは「子どもの幸福至上主義」とでも呼びたくなる理念を唱えた人であった。それは現在でもラディカルと見なされる進歩的教育法であり、彼が英国の教育界に与えた影響は大きい。かくいうわたしなども保育士の資格を取ったときに提出したエッセイで彼の著書から幾度となく引用したものだが、ニールの「子どもの幸福至上主義」を要約するとこうなる。

　彼の信条の中心は、子どもの養育において最優先に考えるべき課題は子どもの幸福であり、この幸福は子どもの中の個人的な自由の感覚から育つものだ。子どもの頃にこうした自由の感覚を剝奪されたと感じ、抑圧された結果として子どもが体験する不幸の数々が、大人になってからの心理的障害の大半の原因になっていると彼は考えていた。

（Linda Pound “How Children Learn Book 2”）

21世紀に英国政府が考案した「フリースクール」制度の「フリー」が名ばかりになって、どちらかと言えば経済的な自由主義を意味する「リベラル」に近づいていったのと対照的に、ニールはあくまでも「子どもたちの自由」を教育の中心に据えようとしていたのである。

ニールが設立したサマーヒル・スクールは、子どもたちの出欠さえ自由だ。来たくなければ来なくていいのである。校則は子どもたちが話し合って決め、教員も子どもも等しく1票ずつの投票権を持っている。教員や学校側がルールを決めて子どもたちにトップダウン式に下ろすことはしない。このような子どもに決定権を与えるやり方は、「大人の指示に子どもを従わせる訓練」を教育の柱としている伝統的学校教育とは正反対だ。ニールの学校は、子どもを怠惰にし、わがままにすると当初は激しく批判され、キワモノスクール扱いされた。

しかし、サマーヒル・スクールの子どもたちは、反権威主義的な教育を受けることによって逆に自律的になり、学習への動機も損なわれないというパラドキシカルな事実を示すようになり、特に70年代にはフリースクール・ブームの代表的存在になる。

1973年時点でのサマーヒル・スクールの様子を伝える教育学者・堀真一郎の「教育史におけるニイルの位置（3）――サマーヒル・スクールの教育の成果と若干の問題点――」（「大阪市立大学家政学部紀要・第22巻」）には、同校出身者は「いわゆる未熟練労働に従事しているものが少なく、プロフェッショナルといわれる職についているものが多い」「社会的背景に恵まれていない人で、サマーヒル在学中に、またはサマーヒルを出たあと、努力して上級学校へ進んだ例も少なくない」と書かれている。

もちろん、サマーヒル・スクールのようなオルタナティヴ教育を行う私立校に子どもを入学させる親は、ミドルクラスの人々や高学歴のインテリ層が多いので、家庭環境に恵まれた子どもたちは知的専門職に就く割合が高いと堀真一郎は前述の文献中で指摘する。さらに、そのような家庭の子どもと一緒に学んだ「社会的背景に恵まれていない人」たちが、環境的な影響を受けて上級の学校に進むようになるのも自然だ。

もともとは貧困層の子どもたちのための学校をローマに設立したマリア・モンテッソーリの教育法がいまや世界のエリートの子どもたちが通う学校の教育法になったように、アナキストの教育法も同様の道を辿っているのかもしれない。サマーヒル・スクールも1935年頃までは情緒障害などの子どもたちを多く受け入れ、そうした子どもたちのために成果を上げたという事実もある。しかし、現代では、子どもに障害があり地元の公立校での受け入れが困難というより、親が学校のオルタナティヴな教育方針に共鳴するから入学させるというケースがほとんどだ。ちなみに、2008年にはBBCが所有する子ども向けチャンネルCBBCがサマーヒル・スクールを舞台にしたドラマ「サマーヒル」を放送して話題になった。

民主主義的な教育の実践

「現代のフリースクールはアナキストの教育に多くを学ぶべきだ」という記事が英紙ガーディアン（2013年1月31日）に出ていた。ロンドンのガスワークス・ギャラリーで開催されていた『Playing Truant』展の紹介記事だ。英国の現代の新自由主義的公立校を指す言葉となった「フリースクール」と、アナキストの教育理念に基づいて運営されている「フリースクール」。そのコントラストを映像やインスタレーションでくっきりと浮かび上がらせ、公教育の役割とは何かを問う展覧会だったという。

同展のキュレーターが、アナキズム的運営による学校についてガーディアン紙にこう語っている。

「意見が衝突したり誰かが怒っているときには、生徒たちはすぐに投票を行います。どういうわけかそういうリアクションが出るようになっているのです。彼らは物事を話し合います。喧嘩をしたり、意見の対立があったとき、ただ沈静するのをじっと待っていない。常に揉め事を解決するメンタリティーが備わっています」

この言葉で思い出すのが、アナキズムと民主主義はおおよそイコールで結べると言ったデヴィッド・グレーバーだ。違う考え方や信条を持つ人々が集まってひたすら話し合い、落としどころを見つけて物事を解決していくのが民主主義の実践だと彼は言った。つまり、アナキストの学校はこれを忠実に行っていることになる。前述のキュレーターはこうも続ける。「彼らは食器を洗い、掃除をし、他の子どもたちの世話をさせられます。生きるための訓練です。さらに集団として共に揉め事を切り抜けるため公開討論の場を持ちます。教員だけが物事を決めるわけではない。彼らが学んでいるのはテストで良い点数を取ることではなく、自分たちで考え、決断することです」

前述のサマーヒル・スクールの創始者であるニールは、自分の学校の成功の基準は、どこの大学に何人の卒業生が入ったとか、どんなキャリアを歩んだとかではなく、生徒の幸福、バランスの取れた心、自律性、生きる意欲にあると言っていた。１９７０年代に同校を訪ねた堀真一郎は、出身者たちを対象に、「ニイルは、『人生の成功についてのわたしの基準は、よろこびを抱いて生きるという意味での幸福である』と言っていますが、あなたは、この意味で幸福な生活をしておられますか」と質問した。すると64％以上の人々が「幸福な生活をしており、しかも、それはサマーヒルへ行ったおかげである」と答えたそうで、「今自分が幸福な生活をしていないのは、サマーヒルへ行ったことに原因がある」と答えた人は皆無だったそうだ。

サマーヒル・スクールのOFSTED（英国の教育監査局）による監査報告の最新のもの（２０１１年）を見てみると、「生徒たちの精神的、道徳的、社会的、文化的な発達」と「生徒たちの幸福、健康、安全」の二つの分野で「OUTSTANDING（極めて優れている）」の評価を受けている。カリキュラムや学業成績などのアカデミックな部分は「GOOD（良し）」に留まっているが、子どもたちの幸福感や精神面での成長の分野で突出している。「学校の中心にあるものは、学校運営における民主主義的なアプローチである」「生徒たちは自分の生き方に対する明確な価値観を育て、寛容と調和の雰囲気があることが明らかにわかる」と報告書に記載されており、「わたしは学校が大好き。自分自身でいられるから」と監査員に語った生徒さえいたという。

学校が子どもにとってそんなにハッピーな場所になれるというのはちょっと信じがたいが、このような環境で学べば、卒業して現実の社会に出て行くときに苦しむのではないか。学校という閉じた狭い環境ではユートピアの運営ができても、だだっ広い現実の世の中はまったく違うからだ。

しかし、前述の堀真一郎が卒業生を対象に行った調査によれば、15、16歳（中学卒業年齢）までサマーヒルで過ごした人々で、卒業後の困難はまるでなしと答えた人が59％、少しあったがすぐなくなったという人々と合わせると全体の93％になった。現実社会からかけ離れた学校を卒業しても、けっこう柔軟にリアルな環境に適応しているようだ。

ちなみに、哲学者のバートランド・ラッセルは1925年にニールのサマーヒル・スクールに1週間ほど滞在し、その校風に触発されて妻ドーラとビーコン・ヒル・スクールを設立している。ラッセルのビーコン・ヒル・スクールが設立された後には、ニールも2度ほど学校を見学に行っている（'A. S. Neill on Bertrand Russell' interviewed by Terry Philpot）。

ニールは、自分とラッセルの違いについて、自分は「実行する人」であり、ラッセルは「思索する人」だったとし、自分は直感で動いて後からそれに理論づけをするが、ラッセルは知性を重要視したと発言している。彼はインタビューでこう話している。


星がたくさん出た晩、彼と一緒にライム・リージスの映画館に歩いたことがあった。僕は彼にこう言った。

「ラッセル、もし僕たちがいま一人の少年と一緒にいたとしよう。僕は彼をそっとして自分で考え事をさせるだろうが、君は星について講義をするだろうね」

アナキズムはネグレクトしない

「アナキストの教育」と聞くと、何でもありのカオティックな状況に子どもを放置しておくことと思う人たちがいる。そもそも、アナキストが子どもを「教え導く」なんてことはおかしいではないか、思うままに自由に生きろというアナキストたちは教育論など忌み嫌うはず、というイメージは少なからずある。

が、こうしたイメージに反し、実はアナキストは教育についてうるさい。

例えばマックス・シュティルナーは『The False Principle of Our Education: or, Humanism and Realism』の中で、「学校の問題は人生の問題である」と書いている。この文章の中でシュティルナーは「人道主義的教育」と「リアリズム的教育」について論じ、その双方を厳しく批判している。

形式的でただ「知識を身に着ける」ために学ぶ人道主義的教育はもう古く、これからは知識を生活の中で活かせる実用的な学びが必要だという考えから、リアリズム的教育が叫ばれるようになった。だが、シュティルナーにとってはどちらにも最重要なものが欠けていた。どちらの主義も同じように「will-less knowledge（意志のない知識）」を子どもに授けるに過ぎないからだ。一般的な学校教育とは、従属のための教育ではなく、自由のための教育でなければならず、自由になるためのもの、すなわち真の生活を手にするためのものでなくてはならないとシュティルナーは説いた。リアリズム陣営は、人道主義的教育の活力の無さに気づいて教育改革の必要性を感じたのだろうが、教育に実用性を取り入れるだけでは足りないのだとシュティルナーは主張する。彼はこう書いている。

しかし、実用的な教育ですら、個人と自由を重んじる教育には遠く及ばない。前者は人生を生き抜くスキルを与えるが、後者は自分自身の中から生命の輝きを叩きだす力を与える。（中略）我々は社会の役に立つ一員でいるだけでは不十分なのだ。我々が自由な人々、自己創造の（自分たちを創造する）人々であれば、これはもっと完璧に行うことができる。

シュティルナーの「エゴイストの連合」の思想が教育論の中にも一本の太い軸として通っているのだ。シュティルナーは、社会の中で自分の居場所を見つけて役立つ人になるためのスキルを与えるだけではダメなのだと言った。まず自分自身の生をスパークさせる（大杉栄風に言えば「生の拡充」）力を子どもに与えなければならないと信じるからだ。

自分自身の中から生命の輝きを叩きだせる人が増えれば、社会の調和などはいとも簡単に実現できるという主張は、エマ・ゴールドマンの「個人は心臓、社会は肺」の思想にも繋がる。まず心臓（人間）を生かせ。肺（社会）は心臓（人間）を生き生きと鼓動させるための成分を分配する場所だ、ということだ。ならば教育は、肺のために心臓があるのではなく、心臓のために肺があるという基本原理をまず教えるべきだとシュティルナーも考えていた。

これは、平たく言ってしまえば、人の集まり（国家、社会、組織、企業、学校など）は個人を生かすための場所でなくてはならず、個人が人の集まりのために生きる世の中になるとそこには調和がなくなり、様々な歪みが生じてまともに機能しなくなるということだ。構成員を従属的な奴隷ばかりにしようとする組織や社会からは、創造性がなくなってどんどん衰退するのも同じことである。

だから教育は労働するだけの奴隷を作り出してはいけないのだと強く主張したのがピョー

トル・クロポトキンだ。クロポトキンは「Brain Work and Manual Work」の中で、「頭脳労働を行う者」と「単純労働を行う者」をきっぱりと分別してしまう教育の在り方は間違っていると説いた。このようなことを行えば社会に階級や分断が生まれるからとか、一部の子どもたちだけが高等教育を受けられるのはフェアじゃないとか、そうした人道的観点からクロポトキンはこの主張を述べたのではない。頭脳労働者と単純労働者を分別してしまうことは、科学技術や芸術の進歩を妨げ、沈滞させると主張したのである。

「Brain Work and Manual Work」はこんな一文で始まる。

いにしえの頃、科学者たち、特に自然哲学を最も進歩させた人々は、単純労働と手作業を厭わなかった。ガリレオは彼自身の手で望遠鏡を作った。ニュートンは少年時代に道具を使う技術を学び、若い頃に様々な独創的な機械を考案して、光学の研究を始めた頃には自分が使っていた器具のガラスを自分で研磨することができたので、かの有名なニュートン式望遠鏡を作り出すことができた。それはその時代においては立派な職人の作品だった。

ところが、我々はこのような科学進歩の在り方を完全に変えてしまったとクロポトキンは嘆く。人間は頭脳労働と単純労働をきっちり分別するようになった。このため、ほとんどの労働者が祖父の世代が受けていたような科学的教育を受けない。小規模の工房で行われていた教育さえ与えられずに、幼いうちから炭鉱や工場で働くようになる。逆に、科学者たちは、発明とは誰かが作った器具を使って行うものだと考えるようになり、肉体労働と手工を軽蔑するようになる。クロポトキンはこう書いている。

「科学者というものは」と彼らは言う。「自然の法則を発見せねばならぬ。技師がそれを実地に合わせる。そして作った設計図から労働者が鋼鉄や木材、鉄、石材で製作する。労働者は彼らのために発明された機械を使って働くが、それは彼ら自身が発明したものではない。彼らが機械について理解できなかろうと、改良できなかろうと関係ない。科学と産業の進歩は科学者と技師に任せておけ」と。

労働者に与えられる業務でさえどんどん分割されて「あなたはここを受け持つ人」「他は知らなくていい」という風に専門化が進んでいく。しかし、そうなっていくと、その産業界自体に発明の気風（現代風に言えばイノベーションの気風）がなくなるとクロポトキンは書いた。なぜなら、専門化によって労働者の視界が狭められ、知的関心や創意がなくなるからだ。他方で、書架に囲まれた書斎で俗世間からはなれ超然として研究している科学者に、俗世間の人々の生活を画期的に変える発明など思いつくこともできない。

クロポトキンは「結合」が必要だと言った。「科学的知識」と「手仕事の知識」を結合させた人間を育てる必要があると信じ、「合成された教育」の必要性を主張した。クロポトキンは、それは「科学と産業界、そして社会全体の利益になる」として、「生まれの違いで区別されず、すべての人間が深い科学の知識と深い手仕事の知識とを自分で結合させることができる教育を受けられるようにしなければならない」と説いた。クロポトキンはこのような教育を「コンプリートな教育」と呼んだ。頭脳と身体性の多面的能力を兼ね備えた人間の全体性こそが「コンプリート」なのであり、それを育てなければ学問も産業も、そして社会全体もその損失を被るとクロポトキンは信じていた。

クロポトキンより約30年先に生まれた無政府主義者のミハイル・バクーニンは、「Equal Opportunity in Education」の中で、ブルジョア階級と労働者階級が受ける教育に差がある限り、階級による不平等はなくならないとして政治理念的な立場から当時の教育の在り方を批判したが、クロポトキンは科学技術の進歩のため、そして人類全体のためにも階級を再生産する教育ではいけないのだと言った。

エマ・ゴールドマンも「The Social Importance of the Modern School」で当時の教育の問題点について書いた。エマは、学校が「受刑者にとっての刑務所のような、兵士にとっての兵舎のような」場所になっていると書き、「すべてのものが、子どもたちの意志をくじき、粉々にしてこね、本来のものとはまったく違うものに作り上げるために用いられる」場所になっていると表現した。しかし、教育は子どもの内面的な力や個性を伸ばすものでなくてはならず、自由な個人を育てることがやがて自由な共同体を作ることになるのだとエマは書いた。

彼女はまた、性教育についても言及し、「性の周囲に築かれたピューリタニズム的な壁」を批判して、「子どもの頃に男女が美しい友情関係について教わっていれば、男女ともに性に興味を持ちすぎる状況が中和される」と指摘した。

このように、アナキストたちは精力的に教育について考え、物申してきた。自由放任と養育放棄とは別物なのである。アナキズムはネグレクトしない。

このことは、アナキストと経済について一般に持たれているイメージにも似ているように思う。すべてを自由に任せるアナキストの経済とは要するにレッセフェール（自由放任主義）ではないかという誤解が「アナキズムと新自由主義は親和性が高い」という奇妙な偏見に繋がっているように思えるからだ。

が、レッセフェールが標榜するのは市場のための自由であって、人間のための自由ではない。祖国、神、宗教などの、生身の人間を支配するものたちをシュティルナーは「亡霊」と呼んだが、現代では市場や資本主義のシステムが何よりも強力な「亡霊」となって人間を支配している。アナキズムは人間をシステムや市場の上に置く。それらの奴隷のポジションに人間を貶める経済など、どれだけ繁栄しようと本末転倒なのである。

エンパシーを育てる授業

アナキスト的な教育は現在でもサマーヒル・スクールのような本来の意味での「フリースクール」で行われており、それを再評価する動きがあることもここまで書いて来た。では、エンパシーのほうはどうだろう。この連載の冒頭で、息子が通っている英国の公立中学校がエンパシーの重要性について教え、テストで「エンパシーとは何か」という記述問題を出したことを紹介した。しかし、これはクロポトキン風に言えば、「頭脳」で理解させようとする教育であり、「身体性」を持った知識を与える教育ではない。

その部分を補強するプログラムとして注目されているのが「ルーツ・オブ・エンパシー(ROE)」だ。同プログラムは、カナダの教育者で社会起業家のメアリー・ゴードンが1996年にトロントで創始して以降、世界中に広がり、英国にも授業に取り入れている学校がある。実際、ロンドンのルイシャム区では、29校の小学校がこのプログラムを行っているという。ルイシャムはイングランドで貧困率が高い区の上位20%に入っており、高い失業率でも知られている。殺人事件や暴力的犯罪の多さから、イングランドおよびウェールズで「最も平穏でない区」に選ばれたこともあった。「ルーツ・オブ・エンパシー」は、裕福で平和な地域より、このような地域でこそ積極的に取り入れられているようだ。ニュージーランド、アイルランド、米国、ドイツ、ノルウェー、スイス、オランダ、コスタリカ、韓国など、すでに多くの国でこのプログラムが導入されており、取り入れた学校ではいじめや暴力が著しく減り、他者をケアしたり、物事を進んでシェアしたりする親社会的な態度を持つ子どもが増えたと報告されている。

ルーツ・オブ・エンパシーは、「赤ん坊からエンパシーを教わる」プログラムとして有名だ。プログラム開始時点で、生後2カ月〜4カ月の赤ん坊とその親が3〜4週間ごとに9回教室を訪れ、その訪問を中心にプログラムが組まれている。終了時には赤ん坊は約1歳になる。教室を訪れる赤ん坊は「Tiny Teacher（ちっちゃい先生）」と呼ばれ、子どもたちは赤ん坊と交流し、赤ん坊の反応や感情表現、そして実際の成長を見るということを体験することによってエンパシーを育てることができるという。赤ん坊とその親は学校のある地域の住民で、ボランティアとしてプログラムに参加することを希望した人々だ。

「赤ん坊と親の間の愛には、何か非常に人を引き付けるものがあります。そして、親子の愛着関係と調和によって人間はエンパシーを育てていくのです。だから、この『ちっちゃい先生たち』を連れて来ればいいのではないかと思いました」

「それは単なる直感であり、思い付きのアプローチでしたが、いまではその影響の科学的なエビデンスがあります」

ゴードンは2010年12月10日のCNNのインタビューでそう話している。

彼女がエンパシー教育の必要性に気づいたのは幼稚園の先生をしていた頃だったという。

虐待と育児放棄の世代間連鎖を目の当たりにして、それを断ち切るにはエンパシーが人生の鍵であることを学校で教える必要があると確信したのだ。それでまず、5歳から13歳の子どもを対象としたルーツ・オブ・エンパシー・プログラムを立ち上げた。現在は、それよりも小さいプレスクールの年齢の子どもたち（3〜5歳）を対象に「シーズ・オブ・エンパシー」というプログラムも行っている。こちらもやはり保育施設に赤ん坊と親が訪問し、幼児たちと触れ合うプログラムだ。

しかし、いくら少子化が進んでいるとは言え、妹や弟を持つ子どもは多いし、親戚の子どもとその親の関係を頻繁に見ている子どももいる。赤ん坊と親がコミュニケートしている姿を見たことがない子どものほうが少数派だろうし、「無垢な赤ん坊にはマジカルな力がある」という説は個人的にはどうなんだろうなと思う。わたし自身、保育士として働いていたのだが、冬場の風邪が流行している時期など、赤ん坊の多くが休むことがあり、そんなときには上の年齢のクラスと赤ん坊のクラスを合併させて運営することがあったが、無垢な赤ん坊がそばでハイハイしていたからと言って乱暴な幼児がやさしい子どもになることはなかったからだ。

個人的には、このプログラムの鍵は、赤ん坊についてみんなで話し合うところにあるのではないかと思う。このプログラムでは、教室の真ん中に緑色のブランケットを敷き、その上に赤ん坊を乗せ、子どもたちはブランケットの周囲に座る。そしてインストラクターは、赤ん坊に玩具を与えて遊ばせたりしながら、子どもたちに質問する。「赤ん坊はイライラしています。玩具に手が届かないからです。あなたはどんなときにイライラしたり、怒ったりしますか?」という風に。すると子どもたちは自分が怒りを感じたときのことを思い出し、言葉を喋れない赤ん坊が経験しているだろう感情を想像するのだが、学校生活の中で、このようなことを考え、級友どうしで話し合う時間が他に与えられているだろうか?

パースペクティヴ・テイキング(他者視点取得)は、教育の現場では非常に重要なメソッドだと教員たちは教わる。しかし、多くの場合それは、「こんなことをしたら○○ちゃんはどう感じると思うの?」という叱り文句の一部として使われるので、大人に叱られているだけでも緊張し、ストレスを感じている子どもたちが、リラックスした気持ちで他者の感情など想像できるわけがない。このため、子どもにとって(あるいは大人になっても)「○○ちゃんの立場に立って考えてみなさい」というパースペクティヴ・テイキングが、非常にウザくて説教くさいものとして心に刻まれる。

そうではなく、ストレスのない静かな環境で、他者の感情を想像し、それを周囲のクラスメートたちと自由に話し合うことができるようにすれば、子どもたちはパースペクティヴ・テイキングを一つのスキルとして学ぶことができる。面白いことに、このプログラムの授業で赤ん坊が訪問した直後の時間に、最も難しい教科の授業を行う教員が多いという。リラックスしてフランクに話し合うことをした時間の後には、子どもたちの理解力が上がっているというのだ。

エンパシーは民主主義の根幹

同プログラムの創始者のメアリー・ゴードンは、openDemocracyのインタビュー（2013年9月5日）でこんなことを話している。

神経科学者が言っていることの一つに、学びにおける人間の関係性の影響力があります。ルーツ・オブ・エンパシーの授業では、すべての子どもたちが赤ん坊やその親、インストラクター、そして他の生徒たちと関わります。このプログラム全体が他者と関わるためのものなのです。情報を反復して覚えるためでも、机について勉強するためのものでもない。関係性を築くためのものなのです。

このプログラムのビデオを見ていると、思い出すのは、坂上香監督の『プリズン・サークル』だ。日本の島根の刑務所で行われているTC（セラピューティック・コミュニティ）でサークル状に並べられた椅子に座って語り合っていた受刑者たちの姿と、赤ん坊が座ったり寝転がったりしている緑色のブランケットの周囲に座っている子どもたちの姿が重なる。

刑務所で行われているTCでも、受刑者たちは互いに自分の経験や考えを語り合い、ときにはロールプレイでパースペクティヴ・テイキングを実践することにより、自分の感情を言葉にして表現する訓練を行い、それによって他者にも感情があることや、他者が感じていることを想像できるようになる。他方、小学校の教室で緑色のブランケットの周囲に座っている子どもたちも、「赤ちゃんはいまどんな気持ちだと思う?」「どうしてそんな気持ちになっているんだと思う?」などの質問をインストラクターに聞かれて、周囲の生徒たちと自分が感じていることを語り合う。両者は人間の感情を言葉にして表現することと、それを他者にコミュニケートすることを学んでいる点でまったく同じなのである。

さらに興味深いのは、創設者のゴードンがこう話していることだ。

ある意味では、ルーツ・オブ・エンパシーは、子どもたちが教室で囲んでいる緑色のブランケットの上で参加型民主主義を築こうとしているのです。

「民主主義は今、それが当初生まれた場所に帰りつつあるように見える」というグレーバーの言葉を思い出す(『民主主義の非西洋起源について』)。彼はこう言った。

重要なのは、普通の人びとが討議の場に集って座り込み、自分たちの課題に自分たちで

――武力によって決定を支えられつつ課題に対処するエリートたちに劣らず――対処できるということを、さらにまた、無理だったということになるとしても、彼らには試してみる権利があるのだということを、私たちが心から信じることだ。

ルーツ・オブ・エンパシーでは緑色のブランケットの周囲に子どもたちが集って座り、エンパシーという人間の大きな課題の一つを話し合い、自分たちの頭で考えようとしている。子どもたちには試してみる権利があるのだということを、大人たちは心から信じなければならない。

このプログラムはシリア難民の子どもたちや、家庭に問題を抱えた子どもたち、DVなどの暴力を経験してきた子どもたちのグループを対象にも行われていて、学校だけでなく、そのような場でも同じように成功をおさめているという。このことは、民主主義（すなわち、アナキズム）が実践されている空間では、どのような場所でもエンパシーを容易に育むことができるという事実を示している。そしてまた、他者の立場や感情を慮るエンパシーがなければ、異なる者たちが共生している「あいだの空間」で民主主義（すなわち、アナキズム）を立ち上げることは不可能なのだ。民主主義とアナキズムとエンパシーは密接な関係で繋がれている。というか、それらは一つのものだと言ってもいい。

そしてこれらがある場所では、互いを許容する雰囲気ができあがり、それによって子どもたちの自尊心が育つのだとメアリー・ゴードンは言う。そこでは正しい答えを言ったとか、間違ったとかいうことを各人がそれほど気にしなくなるからだ。競争のない場所では、恥をかくことを恐れずに子どもたちが物を言えるようになる。だからこそ子どもたちは話し合いに積極的に参加し、自分の意見を言うことができるようになるのだ。ルーツ・オブ・エンパシーの授業の後に難しい教科の授業を入れると子どもたちの理解力が上がるというのも、おそらくこの自分から参加する姿勢が続くからだろう。子どもたちが自分で物を考えなくなったとか、自分の意見を言えなくなったとかいう前に、我々大人たちは、彼らが進んで何かを言う気になるアナーキーでエンパシーある空間を提供しているかどうかを考えてみなければならない。

しかし、現代の学校現場では、試験や進学のための知識が重視され、エンパシーのようなものは「ソフト・スキル」として軽視される。このことについて、ゴードンはこう話している。

教育の目的は何なのかと聞きたくなります。国のGDPに貢献するだけの市民を育てることが目的なら、「ハード・スキル」に重点を置けば達成できるでしょう。でも、人々の経済的な貢献を超えた、別の部分でのシティズンシップとは何でしょう？　社会のソウルとは何でしょう？　教育の成功を規定する測定基準とは何でしょう？　子どもたちに読むことを教えるのと同じように、他者と関わることを教えるのも重要です。

ゴードンは、人間は社会で役割を果たすだけではなく、個人的に幸福にならなければならないと主張する。社会全体がうまく回り、また繁栄するには、人々の精神的な健康が重要な基礎になるからだ。もしも自分の行為が他者に与える影響を想像することができなければ、人は平気で傷つけ合い、互いの精神的健康を損ない合う。さらに、自分が行わない行為（不公正を無視する、レイシズムに抗議しない、リサイクルしない）が他者に与える影響を想像できなければ、何もしないことで他者を傷つけることにもなる。エンパシーを働かせることができるようになれば、意図的に誰かを傷つけたいという欲望がある人は別にして、ふつうは他者をケアし、あまり傷つけない方向に行くだろう。このようなエンパシーの能力なしには、責任ある共同体として社会は機能しないとゴードンは言っているのだ。

私たちには環境問題を解決する科学があったとしても、例えば、見たこともない知らない末端の人々のことを気にしなければ、その科学を生かそうという動機はなくなるでしょう。私たちが他者のニーズに応えることをしなくなれば、私たちの民主主義は不健全で、不公平で、非参加型のものになるのです。それは教室レベルでも国家レベルでも。

最終的には、彼女の言葉は不思議とクロポトキンの「コンプリートな教育」の概念に聞こえてくる。頭脳と身体性を結合させた多面的な人間の全体性。一部だけではない、全部が人間なのであり、つまるところ教育とは、一人の「コンプリートな人間」を育てる場でなければならないという当たり前の結論に辿り着くのだが、現在の教育はこの当たり前を実現しているだろうか。

「そうなんだよね」「国の教育はダメ」とため息をつく前に、わたしたち大人が始めなければならないのは、おそらくまず自分の足元に緑色のブランケットを敷いて民主主義を立ち上げることだ。

Democracy begins at home.

「Democracy begins at home.（民主主義は家庭で始まる）」という言葉があるように、民主主義の実践は家の中から始まるべきものであり、民主主義的な姿勢とそれに必要なスキルを子どもに教えるのは早ければ早いほうがいいと言われている。

例えば、今日のおかずから家族旅行の行き先まで、親がすべて決めてトップダウン式に上から下ろしていないだろうかということは考えてみたほうがいい。家庭でのすべての決断に子どもを含めるわけではないにしても（銀行と住宅金融支援機構のどちらから融資を受けるべきかと聞かれても子どもも困るだろう）、できるだけたくさんの決断に子どもを巻き込み、話し合って決めたほうがいいというのは、わたしが昔働いていた無料託児所（ちなみに、あそこにはアナキストのスタッフがたくさんいた）の責任者が言っていたことだ。家庭のメンバー全員で話し合い、どこの店からデリバリーを取るか、週末はどこに遊びに行くかを決定する。自分の要求を主張し、他の人々の主張を聞いて、納得できるポイントは折れ、一つの決定に辿り着くように協力し、議論して妥協し合うことで、子どもたちは民主主義の実践に慣れて行く。

わたしの手元にある「Practice Guidance for the Early Years Foundation Stage」という英国教育省発行（当時の名称は子ども・学校・家庭省）の保育のガイドラインを記したブックレット（２００８年５月発行版）には０歳児からのカリキュラムを記した箇所があるが、３歳４カ月から５歳までに子どもに身につけさせたい到達点の一つに、「自分の権利のために立ち上がる自信と能力を示す」という目標があり、それを達成するためには「子どもたちが不公平を訴えたら、敬意を表してそれを聞く時間を作り、最も状況に合った解決法を彼らと一緒に見つける」ことを保育士は日常的に行わねばならないと書かれている。これは家庭でも行えることだ。

「じゃあこうしましょう」と大人が決めるのではなく、「どうしたらこれがなくなるだろうね」と聞いて、必ず子どもに解決法を考えさせる。何も出て来なければ「じゃあ、こうするのところするのではどっちがいいと思う？」と選ばせるところから始めて辛抱強く続けていけば、どんなに小さくても、じきに子どものほうから何らかの提案が出てくるようになる（それがどんなに突拍子もないことでも笑ってはいけない。リスペクトしつつ、「でもそれだと、こんな不都合が起きるよね」と淡々と突っ込み、また考えてもらう）。

また、これはわたしが英国に来て驚いたことの一つでもあるが、英国の人々は、夕食のテーブルで政治や社会的な時事問題について語り合ったりするときに、子どもを排除しない。「自分はこう思う」「それは違うんじゃないか」と小中学生でも親と対等に意見を述べ合っている。ここでも、早すぎることはないのである。「そんなのは子どもらしくない」と言った日本の人もいたが、それこそが「子どもにはこうあってほしい」という大人の好みをトップダウンで押し付けているのであり、子どものほうは世の中がどうなっているかをけっこう小さいときから好奇心旺盛に知りたがっている。その時期を逃さず、そんなことはまだ知らなくていいという態度で大人が適当にあしらわなければ、政治や社会について自分の頭で考え、はっきりと意見が言える子どもは育つ。何も特別なことはする必要がない。ふだんからみんなで喋って議論していればいいのである。それが民主主義に参加する準備をすることになるのだ。

職場でも参加型民主主義のブランケットは敷くことができる。例えば、いつもは著者と編集者と営業担当者、宣伝担当者らが決定権を持ち、トップダウンで装幀、宣伝コピーなどを作成して末端の関係者たちに下ろしていくところを、もっと幅広い社内の人々を巻き込んで（受付から社長秘書まで）大所帯で考えることにし、売り場で書籍を販売する書店員たちにも発言権を持ってもらってみんなで話し合って決定し、その結果ベストセラーになった本をわたしは知っている。こうした「水平」方向のビジネスの手法は、「垂直」のやり方で硬直化している業界や組織には、往々にして新鮮な活力を与える。これは商品を売るという業務だけでなく、組織のデザイン、働き方、規則などにも応用できる。上が決めて下に下ろすのではなく、下のことは下で決め、自分たちで運営するようにしたら、現場を知らない人たちが決めたことよりもよっぽど現状に即したアイディアが出て、良い結果を生むことが多い。この、それぞれの部署が水平に存在し、勝手に回っていくというアナキズムのヴィジョンを、伊藤野枝はミシンに例えた。

人間は複雑な機械になればなるほど全体を指揮している中心部があるように思いがちだが、実はそれぞれの部分が個性を持って自分の働きを行っていて、接合するお隣さんの部分とは互いに働きかけ合っているが、それを超えた部分への働きかけは許されていない。その個々の正直な働きと連絡があちらこちらの部分でばらばらに行われていて、それが集まって全体としてある完全な働きを作り出しているということを、野枝はミシンを使いながら気づく。そして「人間の集団に対する理想も、私はやはり、そこにゆかねばならぬものだと思います」とアナキズムの本質を体で感じ取るのだ（「『或る』妻から良人へ——囚はれた夫婦関係よりの解放」『定本 伊藤野枝全集　第三巻』）。そう考えれば、伊藤野枝が主張したように、いかに家父長制がアナキズム（と民主主義）に反するものかもすぐにわかるだろう。中心はいらないのだ。

「アナーキー」は暴力や無法状態と結びつけて考えられやすい。しかし、その本来の定義は、自由な個人たちが自由に協働し、常に現状を疑い、より良い状況に変える道を共に探していくことだ。どのような規模であれ、その構成員たちのために機能しなくなった組織を、下側から自由に人々が問い、自由に取り壊して、作り変えることができるマインドセットが「アナーキー」なのである。

そう思えば、機能しなくなった場所、楽しさも元気もない組織、衰退している国などにこそ「アナーキー」のマインドセットは求められている。そしてそのマインドセットをもって人々が緑色のブランケットの周りに集まって話し合い、「いまとは違う状況」を考案するときに必要不可欠なスキルこそ、「エンパシー」という想像力に他ならないのである。

あとがき

「他者の靴を履く」ために出た旅が、「足元にブランケットを敷いて民主主義を立ち上げる」で終わった。特に足へのフェチがあるわけでもないのだが、自分がよく使って来た「地べた」という言葉を鑑みても、どうもわたしには人間が拠って立つ足元に戻って来てしまう習性があるようだ。

さて、最後に、取りこぼした一つの問題について書いておきたい。この本を担当してくださった編集者の山本浩貴さんからの質問にまだ答えていなかったからだ。

それは、「エンパシーを働かせる〝範囲〟の倫理的問題をどう考えたらよいのか」という問いだった。「誘拐事件の加害者、DV加害者はもちろん、例えばサイコキラー、性犯罪者や幼児性愛者、レイシスト、ミソジニスト……などにそもそもエンパシーを働かせてよいのだろうか」という疑問に答えてほしいというものだ。最近は「多様性の時代の落とし穴」について警鐘を鳴らす識者たちが存在し、例えばレイシストのような人々の考えを「尊重」するのは間違っているという批判もあるので、エンパシーの対象の倫理的線引きはあるのかどうかを書いたほうがいいのではないかという提案をいただいたのだった。

これでまず思ったのは、レイシストの考えを「尊重」するのはエンパシーではないだろうということだった。他者の靴を履いてみたところで尊重する気になれない他者の考えや行為はある。エンパシーを働かせる側に、わたしはわたしであって、わたし自身を生きるというアナーキーな軸が入っていれば、ニーチェの言った「自己の喪失」は起きないので、どんな考えでも尊ぶ気にはならないだろう。そもそも、エモーショナル・エンパシー（共感）ではない、コグニティヴ・エンパシー（他者の立場に立って想像してみる）のほうは（そして本書の大部分においてわたしはこちらについて語って来た）、その人に共感・共鳴しろという目標を掲げて他者の靴を履くわけではないから、その人の立場を想像してみたら（エンパシーを働かせてみたら）よけいに嫌いになったということも十分にあり得る。

しかし、それでも、誰かの靴を履いてみれば、つまり、その人がどうして自分には許せない行為をしたのか、どこから問題ある発言が出ているのかを想像してみれば、今後どうすればそのような行為が増えることを防げるか、または、どうすればその人自身の考えを少しでも変えることができるかを考案するための貴重な材料になる。これを怠ってずっと同じ批判の方法を取っていても（例えば、相手が間違っていることを示すデータを延々と突き付け続けるとか）あんまり効果は期待できないということは、近年の世界で生きている人なら誰しも気づいていることではなかろうか。

さらに、コグニティヴ・エンパシーに倫理的線引きが必要となると、物書きという職業の人間はたいへん困ることになる。今後、ドストエフスキーのような作家が登場しても、もうラスコーリニコフは書けないということになるし、ノンフィクションの分野でも、危険な思想や性癖を持つ人のことは深く掘り下げて書かないほうがいいから単なるうすっぺらい邪悪な人物として仕上げてくれ、みたいな要求がまかり通るようになり、それこそ深みのない作品ばかりになってしまう。

また、コグニティヴ・エンパシーを使う対象に倫理的な線を引いたほうが良いのであれば、なぜ刑事裁判では、被告がシリアルキラーであろうと幼児虐待者であろうと、情状証人（肉親や雇用主など）が法廷で証言し、被告人の生い立ちや境遇などの詳細を話して聞かせることが行われてきたのだろう。

それは、例えば、罪を憎んで人を憎まずとか、人間には贖罪と再生の可能性があるというような宗教的・道徳的な出処もあるだろう。が、それよりも重要なことがある。

人間はよく間違うからである。

人が人を裁くというのはそもそも無茶な設定であり、しょっちゅう間違える生物が判断を下しているのだから、できるだけ他者についてよく知ってからにしましょうねということなのだ。

裁判のようにある人の人生（国によっては人の生き死にさえ）を決定するような大きな判断でなくとも、わたしたちは日常的に他者を判断しながら生活している。英語では、「judge

（裁判官）」という言葉が動詞としても使われ、「Don't judge me（決めつけないで）」という表現などは日常的に耳にする（ティーンがよく大人に向かって言う言葉だ）が、「いい人」だの「悪い人」だの「正しい」だの「間違っている」だのと勝手に他者を判断しながらわたしたちは生きている。人間である以上、それはやめられない。人間はよく間違うくせに他者を判断したがる生き物なのである。ならば、あまり間違えないようにする努力ぐらいはすべきなのである。

さらに、誰にでもエンパシーを使うことが「多様性の時代の落とし穴」で、その対象を制限するため倫理的線引きをしたほうがよいのだとすれば、その考え方の基盤には、世の中がカオスになってしまうのを防ぎたいという前提があるはずだ。しかし、実のところアナキストというのは困った人たちであり、カオスを拒否しない。

『改革か革命か――人間・経済・システムをめぐる対話』（三崎和志他訳、以文社）というトーマス・セドラチェクとの対談本の中で、デヴィッド・グレーバーは、セドラチェクから「カオスはとても危険」「しばしばとても危険な状況を生み出します」と言われて、こう答えている。

私が言いたいのは、カオスの際に脅威としてあらわれる害悪は、ある意味、下手につくられた自動システムの害悪よりも限定的だ、ということです。たとえば、どこかでアナーキーについて講義すると、「サイコパスはどうするんだ？　そんなシステムでサイコパスが及ぼす危険をどうするんだ？」といった質問を受けます。私は次のように巧く答えます。「少なくともサイコパスは軍隊を率いたりしないでしょう」と。単刀直入に言うと、個人は限られた害しか及ぼせないのです。

自動システムとして様々な線引きがすでになされている社会よりもカオスのほうが良いとグレーバーが言う理由は、彼が民主主義（＝おおよそアナキズム）を信じるからだが、それはこれからの人間に何が必要かと彼が思っていたことと密接に関係している。

彼は、これについて従来のアナキストのイメージとはまったく違うことを言っていた。これからの人間にとって重要なのは「穏当さ（reasonableness）」だと言ったのである。「reasonable」には「道理をわきまえた」「分別のある」「極端でない」などの意味がある。アナキストがもっとも言いそうになかった言葉をグレーバーは堂々と使っていた。彼はその言葉についてこう説明している。

穏当さというのはどういうことでしょう？　穏当さというのは通約できない価値のあいだで折り合いをつける能力です。そう、それには共感〔著者注：原文ではempathy《エンパシー》〕、そして理解が含まれます。またそれには、理解できないことがあっても、どのみちそれを考慮に入れなくてはいけない、ということを受け入れることが含まれます。

グレーバーは、「合理性でなく穏当さ」が重要なのだとも言った。他者を「judge」してはじいていくことは秩序ある社会を作るために合理的ではあるだろう。しかし、それはグレーバーの言った「穏当さ」とは違う。むしろわたしたちは多様性というカオス（混沌）を恐れず、自分の靴を履いてその中を歩いていけと彼は言っているのだ。ときに自分の靴を脱いで他者の靴を履くことで自分の無知に気づき、これまで知らなかった視点を獲得しながら、足元にブランケットを広げて他者と話し合い、そのとき、そのときで困難な状況に折り合いをつけながら進む。「穏当さ」はその日常的実践の中でしか育まれないとグレーバーは考えていた。それは大きなシステムでいっせいに、自動的に行えるようなことではないのだと。「理解できないことがあっても、どのみちそれを考慮に入れなくてはいけない、ということを受け入れること」

そこまでが「穏当さ」に含まれるとグレーバーは言った。ならばそれは、多様性の時代が提示する落とし穴ではないだろう。むしろ、それはすでに目の前に広がっているカオスから目を背けず、前に進むための叡智であり、覚悟のようにわたしには聞こえる。

ブレイディみかこ
1965年福岡県福岡市生まれ。96年から英国ブライトン在住。ライター、コラムニスト。2017年、『子どもたちの階級闘争 ブロークン・ブリテンの無料託児所から』で新潮ドキュメント賞、19年『ぼくはイエローでホワイトで、ちょっとブルー』でYahoo!ニュース｜本屋大賞2019年ノンフィクション本大賞、毎日出版文化賞特別賞などを受賞。他の著書に『労働者階級の反乱』『女たちのテロル』『ワイルドサイドをほっつき歩け』『ブロークン・ブリテンに聞け』などがある。

装画　松本沙希
装丁　岩瀬 聡

他《た》者《しゃ》の靴《くつ》を履《は》く
アナーキック・エンパシーのすすめ

二〇二一年六月三十日　第一刷発行
二〇二四年三月二十日　第十一刷発行

著　者　ブレイディみかこ
発行者　小田慶郎
発行所　株式会社　文藝春秋
東京都千代田区紀尾井町三－二三
郵便番号　102－8008
電話　(〇三)三二六五－一二一一(大代表)
DTP　エヴリ・シンク
印刷所　精興社
製本所　加藤製本

ISBN978-4-16-391392-6　Printed in Japan